RAÍLES Y MALETAS

Raíles y maletas

EL FENÓMENO DE LA EMIGRACIÓN ANDALUZA (1950-1980)
A TRAVÉS DE LAS FOTOGRAFÍAS DE LOS EMIGRANTES RETORNADOS

RAFAEL JURADO ARROYO

FUNDACIÓN JOSÉ MANUEL LARA

Junta de Andalucía
Consejería de la Presidencia, Interior, Diálogo Social y Simplificación Administrativa

Esta edición ha contado con el patrocinio de la Consejería de la Presidencia, Interior, Diálogo Social y Simplificación Administrativa de la Junta de Andalucía

Junta de Andalucía
Consejería de la Presidencia, Interior, Diálogo Social y Simplificación Administrativa

Primera edición: abril, 2024

Avda. Reino Unido, 11, 1ª. 41012 Sevilla (España)

Edición al cuidado de Ignacio F. Garmendia
Diseño y maquetación: Manuel Rosal

Fotografías de cubierta: De izquierda a derecha, de arriba abajo: La maleta en la puerta, junto a la hija, la descendencia (Archivo Agustín Lancharro). Cocinas comunitarias en residencia de jornaleros, sur de Francia (Archivo FAER). Andaluces en las minas de carbón de Essen, Alemania (Archivo FAER). Trabajadoras andaluzas en factoría de chocolates en Anderlecht, Bélgica (Archivo FAER).
Fotografías de interiores: Archivo FAER; Archivos de AGER, ASALER, ASER y ASOMER; Archivos de las personas y familias mencionadas en los Agradecimientos.

Dep. Legal: SE 693-2024
ISBN: 978-84-19132-35-2

Printed in Spain - Impreso en España

ÍNDICE

SALUDA

DEL CONSEJERO DE LA PRESIDENCIA, INTERIOR, DIÁLOGO SOCIAL Y SIMPLIFICACIÓN ADMINISTRATIVA DE LA JUNTA DE ANDALUCÍA

Quisiera comenzar agradeciendo al autor, D. Rafael Jurado, la oportunidad que me brinda al compartir estas palabras con los andaluces y andaluzas protagonistas de esta obra, aquellas personas que un día tuvieron que migrar fuera de Andalucía y que, antes o después, han decidido retornar a su lugar de origen.

En el libro *Raíles y maletas. El fenómeno de la emigración andaluza (1950-1980) a través de las fotografías de los andaluces retornados* el autor nos ofrece por medio de la fotografía y los relatos de estas personas sus vivencias y experiencias con objeto de no perderlas con el paso del tiempo. Todo ello ofreciendo un estudio sobre el impacto demográfico de este fenómeno de la migración andaluza, principalmente a países como Alemania, Francia, Suiza y Bélgica donde residieron hasta su regreso a Andalucía.

Esta publicación forma parte de un gran proyecto de reconocimiento hacia este colectivo, resultado de la colaboración entre la Consejería de la Presidencia, Interior, Diálogo Social y Simplificación Administrativa, la Federación Andaluza de Emigrantes y Retornados y la Fundación Pública Andaluza Centro de Estudios Andaluces. Fruto de este trabajo conjunto, en septiembre de 2022 tuve el placer de inaugurar el Centro de Interpretación de Andaluces Emigrantes y Retornados, ubicado en el Museo de la Autonomía de Andalucía que, asimismo, alberga una exposición fotográfica de D. Rafael Jurado.

Este libro no es sino un granito de arena más para conseguir dar a conocer y difundir la realidad de este fenómeno migratorio a través de los ojos de tantos héroes anónimos que con esfuerzo y valentía decidieron dejar atrás su tierra, familia, amigos para poder buscar una vida mejor. Además, se presenta como una nueva oportunidad de concienciar y mostrar a la población en general y muy especialmente a las nuevas generaciones el sacrificio que realizaron con la finalidad de mejorar sus condiciones de vida y en un contexto muy diferente al actual, en el que las telecomunicaciones no estaban tan desarrolladas y no teníamos tanta información a nivel global.

De esta manera, y en nombre de la Junta de Andalucía, quiero agradecer a todas aquellas personas que han tomado parte en este libro, y en especial a las que han aportado tanto imágenes como testimonios de sus vivencias, así como al autor por su compromiso e interés en este episodio de la historia andaluza y a todas aquellas personas andaluzas que en algún momento tuvieron que salir de esta tierra por necesidad, hayan podido retornar o no.

Desde el gobierno andaluz continuamos y seguiremos ofreciendo todo el apoyo posible para visibilizar al colectivo de emigrantes andaluces y retornados, transmitiendo nuestra continua determinación, cooperación y colaboración para trabajar en beneficio de todos los que hacemos Andalucía más grande y más conocida, extendiendo su mano al resto del mundo sin perder sus raíces ni su identidad.

Concluyo este mensaje esperando que el/la lector/a disfrute de este estudio y obra con la finalidad de entender su legado.

D. Antonio Sanz Cabello
Consejero de la Presidencia, Interior, Diálogo Social y Simplificación Administrativa de la Junta de Andalucía

AGRADECIMIENTOS

Este trabajo no podría haberse llevado a cabo sin la generosidad de aquellos hombres y mujeres que partieron hacia un mundo desconocido y cuya valentía contribuyó a construir una España mejor. Su esfuerzo se ha prolongado con la generosidad de contar su historia y ceder las fotografías que inmortalizaron su etapa como emigrantes, desde que empecé este proyecto con la exposición enmarcada en la XIV Bienal de Fotografía de Córdoba, hasta llegar a la publicación de este trabajo. Por tanto, mi primer y más profundo agradecimiento va destinado a ellos y sus familiares: Adela Trucharte, Agustín Lancharro y Vicenta Duque, Ángel Córdoba, Ángela Benítez Muñoz, Antonia Carrasco, Antonio Benjumea, Antonio Bocanegra, Antonio Castro, Antonio Rider Vázquez, Celia Prieto, Chantal Bautista, Elio Jiménez y su hija María Dolores, Eva de Uña, Francisco Pastor, Francisco Urbano, Francisco Yáñez, Gaspar Cebrián Casares, Gertrudis Rando, José Cabrera y Elena Cuevas, José Muñoz Ortiz, José Peña y su hijo Jesús, José Rodríguez, Josefa Gil, Juan Banderas Pérez, Juan Sánchez Doblare, Luis Medina, Luis Pérez, Manuel Mesa, Natividad Barranco y José Mármol, Pedro Hernández, Pedro Martínez, Pepe Rodríguez Rueda, Rafael Guerra, Rafael Jurado Córdoba (mi padre, «El Córdoba», cuyo sacrificio edificó nuestro futuro), Vicente Cucharedo; así como la familia de Antonia Rodríguez, familia Fernández Balirac, familia González Viñas (querido Fernando), familia Invernón Haro (Mariana Invernón Haro y José Antonio Muñoz Invernón) y familia Morales Cañete. Y a todos aquellos cuyas fotografías y testimonios hayan llegado a través de las cesiones de las asociaciones de emigrantes. Si algún nombre ha sido omitido por descuido, ruego mil disculpas y cuenten con mi complicidad para futuras ocasiones.

A FAER, es una alegría contar con el ánimo y el apoyo de esta entidad indispensable, personificada en su presidente Mario Alonso. Gracias por las gestiones y la cesión de su magnífico archivo gráfico.

A las asociaciones andaluzas de emigrantes y retornados que han colaborado, destacando AGER (María José Hueltes), ASALER (Ángeles Martínez), ASER (Rocío Abad) y ASOMER (Pilar Cabello), junto con aquellas cuya colaboración ha llegado a través de FAER.

A la Consejería de la Presidencia, Interior, Diálogo Social y Simplificación Administrativa de la Junta de Andalucía, por su interés en recuperar esta etapa de nuestra Historia, hacer justicia social con el colectivo de emigrantes y retornados, así como por su apoyo a esta publicación. También a la Fundación José Manuel Lara, a todo el equipo y en especial a su director general, Pablo Morillo, por la sensibilidad para contribuir a rescatar estas historias en una publicación.

A Alberto Rodríguez, Alicia Almárcegui, Antonio Manuel Rodríguez y Remedios Malvárez por posar su mirada en mi trabajo y compartir sus impresiones. A Pablo Novo y Rafael Villegas, por la supervisión y por su amistad.

A mis hijas, por el entusiasmo, el ánimo, los besos y los abrazos.

Y, por supuesto, a Leonor, compañera de viaje, sin cuya presencia no hubiera sido posible la realización de este libro. Por los caminos recorridos y por los que nos quedan por recorrer.

Para Elvira y Celia,
que cruzarán fronteras con mirada libre
y espíritu viajero.

PREFACIO

> Una fotografía no es el mero resultado del encuentro entre un acontecimiento y un fotógrafo: es un acontecimiento en sí misma.
>
> SUSAN SONTAG

El 30 de abril de 1980 la embajada de Irán en Londres fue tomada por un grupo terrorista. El cautiverio se mantuvo durante varios días, hasta que el 5 de mayo miembros del Special Air Service (SAS), un grupo de fuerzas especiales del ejército británico, entraron en la embajada y en una espectacular operación de rescate liberaron a los rehenes y mataron a cuatro de los cinco secuestradores, capturando al otro. La prensa retransmitió el suceso con un seguimiento total, televisando las acciones en lo que algún periodista catalogó como «una película de James Bond».

A pesar de que las televisiones, especialmente la BBC, daban las imágenes en directo, el testimonio principal que ha quedado son las fotografías, la secuencia del asalto impresa en papel, fotos que dieron la vuelta al mundo. «Estaba la grabación, pero las fotos, esas imágenes congeladas, se podían leer como un informe[1]», afirma Mike Molloy, editor del *Daily Mirror* en aquella fecha. La fotografía como documento histórico fundamental.

---

1. Declaraciones tomadas de la serie documental «Fotos que cambiaron el mundo», emitida en el canal de televisión #0 de Movistar+ en enero de 2019.

LA POTENCIA DE UNA IMAGEN

La guerra de Vietnam ha sido contada en películas, libros y canciones. Todos sus dramas, todas sus aristas han sido puestos al descubierto de una u otra forma en múltiples variantes artísticas. Pero es probable que al pensar en ella la primera imagen que nos venga a la cabeza sea la de la Kim Phuc, la niña abrasada por las llamas que corría desnuda, gritando horrorizada, para escapar de un bombardeo. Esa imagen, captada por el fotógrafo Huynh Công Út, es –sin duda– la mejor representación del horror y la locura que desencadenó aquella guerra.

Captar el instante, capturar un hecho real para mostrarlo en una imagen icónica, cumple a la perfección el tópico de que «una imagen vale más que mil palabras». Cuando eso sucede, cuando una fotografía resume un hecho trascendental y lo muestra en una sola imagen, podemos afirmar que la fotografía cuenta un relato, que su significado va mucho más allá de lo que ven nuestros ojos y se convierte en un testimonio. Pertenece a la Historia universal, al tener una trascendencia en la historiografía de una época o en una historia personal. Cuando una fotografía alcanza ese objetivo, es cuando se revela la potencia de una imagen.

Otras veces no se trata de captar el instante, sino de componerlo. Es decir, la composición de la fotografía viene impuesta por un decorado, una figuración y unos protagonistas que siguen un guion. Esta circunstancia no desmerece la carga testimonial de esa fotografía (baste citar *Muerte de un miliciano* de Robert Capa, como –supuesta– composición prefigurada), ya que el mensaje testimonial de una imagen va más allá de que la realidad que representa sea espontánea o guionizada.

ALGUNOS EJEMPLOS ICÓNICOS

Bien es sabido que detrás del brillo dorado de Hollywood también se esconde la soledad. A veces, la soledad es buscada precisamente para huir del brillo de Hollywood. Ninguna descripción refleja tan bien esa situación como la fotografía que Terry O'Neill le hizo a Faye Dunaway a las seis de la mañana del 29 de marzo de 1977. La actriz del momento, la gran triunfadora de los premios Oscar, desayunando sola en la desierta piscina del hotel, observando con mirada lánguida su estatuilla. Lo que vemos y lo que nos cuenta, independientemente de la intervención del fotógrafo en el relato: ese es el poder de una imagen. Esa fuerza se concentra cuando una sola imagen representa un acontecimiento, una emoción, todo un mundo.

El poder de una fotografía se equipara a las descripciones narrativas, al impacto de una película o la emoción que puede desencadenar una canción. Desde la repercusión internacional de la mencionada *Muerte de un miliciano*, la fotografía de Robert Capa que puso la Guerra Civil española en las retinas de medio mundo, a la terrible imagen del niño Aylan, que conmocionó y alertó del tremendo drama de los exiliados en el Mediterráneo, son muchas las fotografías que han quedado como símbolo o como resumen de un acontecimiento.

Pero no solo imágenes trágicas. Uno puede hacerse idea del desenfreno de la *beautiful people* neoyorkina en las míticas noches de Studio 54, al ver a Bianca Jagger montando un caballo blanco en la pista de baile durante su fiesta de cumpleaños, gracias a la fotografía (esta como ejemplo de otras muchas imágenes de otras muchas noches) de Robin Platzer. También podemos contagiarnos de la alegría por el final de la II Guerra Mundial sintetizada en un beso, un instante captado por Alfred Eisenstaedt en su mítica foto *VJ Day en Times Square*.

Al igual que revivir momentos míticos: personajes y sucesos que no habrían mantenido el carácter de leyenda de no haber sido inmortalizados en fotografías. Bonnie y Clyde quizá no hubiesen perdurado en la nómina de forajidos legendarios de no haber contado con un buen puñado de icónicas imágenes: desde su posado empuñando las armas, pasando por el beso final, hasta mostrar sus cuerpos y el coche, acribillados a balazos.

Muchos no habrían creído la muerte del Che Guevara si no hubiesen visto las fotografías de Marc Hutten, una serie que mostraba al guerrillero, al héroe, inerte, yaciendo en una camilla apoyada sobre un fregadero de cemento. Una composición tan lúgubre que desnudaba la heroicidad en favor de una muerte miserable.

A veces la impronta la marca el fotógrafo al ser retratado, como una metáfora de que capturar el instante consiste en mostrar la imagen de quien fotografía ese momento. Una especie de metalingüística de la imagen que se convierte en paradigma de la fotografía, que verifica lo que estaba sucediendo mientras se capturaba ese momento. Uno de los mejores ejemplos es Rino Barillari, el señalado fotógrafo de *La dolce vita*. Barillari ha pasado a la historia de la fotografía por sus icónicas imágenes de Roma en los años sesenta, cuando la capital de Italia era el epicentro de la vida social de los grandes artistas del momento. Sus fotografías de Richard Burton y Elizabeth Taylor, Charlton Heston y su esposa, y Rudolf Nureyev junto a Robert Kennedy, forman parte de la iconografía del siglo XX y han trasladado territorios como Via Veneto o Via Condotti al imaginario colectivo. Sin embargo, casi adquirió más fama por las fotografías en las que él era el objetivo, aquellas en las que se le ve siendo golpeado por Franco Nero y cuando una actriz de moda, Sonia Romanoff, le estampa un helado en la cara al ser sorprendida con un joven amante poco después de su boda. Es decir, para hablar de *La dolce vita*, se ilustraba el discurso con fotografías del propio Barillari ejerciendo su profesión. El fotógrafo, en calidad de notario de la actualidad, termina por convertirse en protagonista. El momento del momento, una evidencia más del papel que juega, de la importancia de la fotografía para narrar acontecimientos.

Dicho esto, queda demostrado que los mejores documentos para testimoniar una época o un fenómeno, desde finales del siglo XIX, si van acompañados de imágenes tomadas como referencia del instante en que suceden, refuerzan de modo considerable el relato establecido. El valor aumenta cuando el documento gráfico lo muestran sus propios protagonistas, delante o detrás de la cámara. Por eso es tan importante rescatar imágenes, testimonios gráficos de lo que sucedió en el pasado. Sirva como ejemplo emblemático el archivo que el fotógrafo Francisco Boix logró salvar del campo de concentración de Mauthausen, los «negativos que acreditarían al mundo que el infierno existía y era peor que la muerte», según relatan las crónicas periodísticas. Sin aquellas fotografías no se hubieran podido documentar los horrores del Holocausto nazi tan rápidamente, un testimonio que fue fundamental para el desarrollo de los juicios de Núremberg, para desacreditar a los negacionistas y para condenar a los culpables de aquella barbarie.

Quizá estos ejemplos, como modelos que han trascendido el mundo de la fotografía y han llegado al público general, sirvan para hacerse una idea de la potencia de una fotografía, del valor sumamente importante de aquello que la historiografía llama testimonios o documentos gráficos. Al igual que los restos arqueológicos para documentar la Prehistoria, los versos y relatos de los poetas y filósofos de Grecia y Roma para la Edad Antigua, los cantares para el Medievo y los libros a partir de la invención de la imprenta, la historiografía del siglo XX no puede entenderse sin recurrir a la fotografía como documento fundamental.

LAS IMÁGENES DE LA EMIGRACIÓN

Llegados a este punto, centramos el objetivo en el fenómeno de la emigración española hacia Europa en la segunda mitad del siglo XX, un acontecimiento clave de nuestra historia contemporánea, cuyo colectivo más numeroso fue el de emigrantes andaluces. Es una etapa, las décadas de 1950, 1960 y 1970, de la que se conserva abundante material gráfico gracias a los miles de fotografías tomadas por sus protagonistas, los propios emigrantes. La utilización de las fotografías como herramienta narrativa para contar su periplo y como nexo de unión con sus familiares para superar la distancia, fue fundamental en una época en la que las conexiones habituales eran tan solo por carta (los telegramas se utilizaban únicamente para comunicaciones urgentes y las llamadas de teléfono eran excepcionales). A esto hay que sumar el poder adquisitivo conseguido por los emigrantes durante su estancia en el extranjero, que les permitía tener cámaras y revelar las fotos, un sistema relativamente caro en esos años para la mayoría de españoles.

Aquellos andaluces que emigraron entre 1950 y 1980, instalándose en ciudades de Francia, Bélgica, Alemania y Suiza, principalmente, crearon un numeroso e interesante archivo fotográfico, un álbum personal y familiar cuya suma de individualidades nos ofrece un todo del colectivo y se constituye en relato general de la emigración. De ahí que este estudio se centre esas fotografías.

Hay quien –todavía– se plantea si las fotografías caseras (equiparamos el término al muy popular *home movies* que sirve para catalogar las películas rodadas con cámaras fabricadas para el mercado doméstico[2]) pueden ser objeto de estudio y, aún más, pueden ser expuestas en centros dedicados al arte. Sobre los que están convencidos de ello, voces destacadas del mundo del arte, la fotografía y la museística, traemos aquí algunas reflexiones que no dejan lugar a dudas.

DEL ÁLBUM PERSONAL AL MUSEO

La doble lectura de una fotografía fue subrayada por Horst Wackerbarth, artista, fotógrafo y teórico del Arte, premio World Press Photo, cuando afirmó que la fotografía es «el único género que puede lograr un efecto popular en el nivel inmediato y visible, y uno elitista después del impacto inicial, en un nivel más profundo y sutil[3]». Ese efecto popular es el que nos alcanza en las fotografías que reflejan nuestro ámbito más cercano, en una primera mirada.

2. Este fenómeno cultural se popularizó con el uso del Súper 8, un formato cinematográfico que nace a mediados de la década de los sesenta para grabar películas en el ámbito doméstico y familiar. Tuvo una enorme comercialización y aceptación en la década posterior, incluyendo cineastas aficionados y directores independientes, hasta disminuir su uso con la llegada del video doméstico en los años ochenta. Complementando a la fotografía, pero en un grado menor, también fue utilizado por numerosos emigrantes para registrar su paso por Europa. La consideración de documento histórico de las «películas caseras» fue otorgada por archivos y filmotecas de todo el mundo. Lo que nos permite equiparar su valía testimonial a las fotografías familiares.

3. Koetzle, Hans-Michael, *Photo Icons. The story behind the pictures*, Taschen, Köln, 2005, p. 7.

En el caso de las fotografías de los emigrantes, ese primer impacto se queda en el ámbito doméstico, el familiar, el lugar de trabajo: el efecto popular que menciona Wackerbarth. Pero si analizamos esas imágenes, conseguimos dejar de verlas como recuerdos individuales (impacto popular), y es entonces cuando alcanzan una categoría superior (impacto elitista), ese nivel más profundo y sutil, de manera que se transmutan en relato. Pasan de contagiarnos emociones familiares (primer impacto) a convertirse en un testimonio gráfico que documenta un acontecimiento o un periodo histórico (impacto posterior). Así sucede con las fotografías tomadas por los trabajadores andaluces durante su etapa como emigrantes en países europeos durante la segunda mitad del siglo XX. Imágenes cuyo impacto inicial tiene un efecto popular, pero que en una segunda lectura, una mirada y un análisis más profundo, pueden obtener la catalogación como documento histórico, incluso artístico, cuando se elevan al nivel más profundo y sutil.

Esa lectura ha formalizado la inclusión de la fotografía documental en la programación de los grandes museos internacionales, atendiendo a dos premisas: 1) Lo que antes se consideraba como secundario, una categoría inferior de las Bellas Artes, ahora es material de primer orden incluso para exponer en los museos. 2) Las pequeñas historias, las historias individuales, se suman para conformar un todo que aporte luz como documento histórico y artístico.

De forma muy explícita lo manifiesta Manuel Borja-Villel, el antiguo director del Museo Nacional Centro de Arte Reina Sofía, en el primer párrafo del catálogo de la exposición *Aún no. Sobre la reinvención del documental y la crítica de la Modernidad*:

> El Museo Reina Sofía ha prestado en los últimos años particular atención a la historia y desarrollo actual de determinados

> medios antes percibidos como subalternos a las categorías tradicionales de las Bellas Artes. Y lo ha hecho desde la conciencia de que la historia del arte se escribe no solo desde los formatos espectaculares y las grandes narraciones, sino también desde microhistorias que se desprenden, para formar un todo mayor, de los documentos escritos e impresos, de los materiales audiovisuales, de los objetos o, sobre todo, de la fotografía.

Subrayamos ese «sobre todo, de la fotografía» del párrafo anterior, para certificar que la narración de la emigración puede configurarse con la suma de las microhistorias que conforman los archivos fotográficos personales recopilados. En este caso son de andaluces, trabajadores emigrados a Europa en la segunda mitad del siglo XX, y son un reflejo exacto de la emigración española en su totalidad. Esa construcción de un relato propio, con un canon que se repite en cada uno de los archivos, independientemente del lugar de procedencia, de destino, de la edad y de las circunstancias personales de cada uno de los emigrantes, es lo que certifica el planteamiento de que se trata de una visión general del fenómeno de la emigración.

En la valoración de esos documentos, no podemos olvidar que las imágenes tomadas antes de que la fotografía digital impusiera su dominio de forma totalitaria, representan un modelo muy diferente del que conocemos hoy día. Cuidar los detalles antes de disparar era el primer paso, ya que el sistema analógico no posibilitaba comprobar la imagen en una pantalla y borrar (como hacemos hoy con los medios digitales). Además, el precio de cada fotografía no era nada desdeñable si tenemos en cuenta que había que comprar un carrete fotográfico y luego revelarlo, con unos costes que no estaban al alcance de todos los bolsillos. Asimismo, no se disponía de medios domésticos que retocaran la foto, en caso de que hubiese sido fallida, obligando a perder una de las oportunidades que brindaba la numeración del carrete. Estas cuestiones, que hoy parecen olvidadas, otorgan una notable consideración a la decisión, metodología y objeto de aquellas imágenes, aunque se trate solo de recuerdos familiares. Es decir, la fotografía analógica de aquella época tenía una intencionalidad en su origen y un mensaje en su –objetivo– final. Un valor añadido que ha convertido algunas de estas fotografías en documentos de archivo y piezas de museo.

Es necesario, por tanto, contextualizar las imágenes que vamos a tratar con la impronta que la fotografía analógica les otorga y destacar su valor histórico, estético y sociológico. Diferenciar aquel contexto, en el que la fotografía tenía un valor específico diferente del actual, cuando estamos saturados de imágenes (llevamos encima todo el día un dispositivo móvil dotado de una cámara de alta resolución y con una gran capacidad de almacenamiento de imágenes, que nos hace fotografiar cualquier cosa en cualquier momento, disparando varias fotografías sin pensar, para quedarnos con la que más nos guste). De ahí la importancia de la puesta en valor de aquellos archivos, la importancia de recuperarlos, conservarlos y estudiarlos para conseguir un relato de primera mano.

Que actualmente las fotografías publicadas en redes sociales componen –parte de– un relato de la vida de sus protagonistas es un hecho consumado. De tal manera que la red de fotografías más popular, Instagram, ha titulado *Stories*[4] su sección más innovadora, aquella en la que las imágenes permanecen tan solo 24 horas expuestas para contar justamente eso, las historias de nuestras vidas. Un fenómeno que traspasa

4. La traducción del término inglés sería historias, en relación al relato breve, una narración corta, un cuento.

lenguajes y se ha convertido en una forma de comunicar que se impone en el mundo digital. Ese trasvase de lenguajes lo hemos visto incluso en el cine, como en la película *Hermosa juventud* de Jaime Rosales, premiada con una Mención Especial en la sección *Un Certain Regard* del festival de Cannes en 2014. Rosales no narra con secuencias cinematográficas el viaje de la protagonista, sino que utiliza las imágenes que envía a sus seres queridos y publica en internet, para componer el relato de ese viaje. Curiosamente, su traslado a Alemania en busca de trabajo. Más de medio siglo después, también en el mundo digital, las fotografías siguen siendo el vehículo de transmisión para contar la emigración.

INTRODUCCIÓN

Lo más íntimo es lo más universal.
ANNIE ERNAUX

El fenómeno de la emigración española hacia Europa en las décadas de 1950, 1960 y 1970 es uno de los episodios determinantes de nuestra Historia contemporánea. No puede entenderse la evolución histórica, social y cultural que sufre España en la segunda mitad del siglo XX sin incorporar dicho fenómeno como uno de los pilares que sustentan la España del tardofranquismo, aquella que desemboca en la Transición y dará lugar a un nuevo país. El florecimiento económico de los años sesenta, el *baby boom*, el consumismo (aplicado sobre todo a bienes de consumo duraderos) o, incluso, la conexión cultural con Europa, también son manifestaciones tangenciales a este fenómeno.

Gran parte del flujo migratorio estuvo protagonizado por andaluces, siendo el colectivo más numeroso si fragmentamos el grupo de emigrantes por sus comunidades de procedencia, según los datos del Instituto Español de Emigración (IEE). El colectivo andaluz será objeto de estudio y centrará esta investigación.

Este estudio busca ser una aproximación fiel a lo que significó aquella corriente de trabajadores procedentes de todos los rincones de España, desplazados por diversos países europeos, a través del prisma del colectivo de andaluces. Para ello se va a centrar en los testimonios de los protagonistas, unos testimonios que quedaron registrados en forma de fotografías, miles de imágenes que son la representación gráfica de un relato, y que han sido complementados con entrevistas personales para comentar y contextualizar esas fotografías. Una crónica contada en primera persona por los hombres y mujeres que archivaron en un álbum su historia como emigrantes. Una crónica personal, cuyo conjunto se convierte en una historiografía del fenómeno de la emigración. Recuperando el concepto de intrahistoria que acuñó Unamuno («Vida tradicional, que sirve de fondo permanente a la historia cambiante y visible») se entiende que esas representaciones gráficas, las fotografías tomadas por los emigrantes, son parte principal de una evolución que cambió nuestra historia. Otras voces, como la historiadora María Dolores Pérez Murillo, se inclinan por asignar este término para enmarcar «la historia de los colectivos marginados históricamente, con la oralidad y las historias de vida como complemento de las historiografías más oficiales». Una acepción que vuelve a subrayar que esas historias de vida que plasmaron los emigrantes en (sus) fotografías, complementan la historiografía oficial. En definitiva, este trabajo se enmarca en esa corriente cuya óptica considera que la suma de las historias personales completa y –en buena parte– conforma el relato establecido de la Historia.

Tomaremos, por tanto, la suma de los archivos gráficos personales como un todo, un documento único que narra la experiencia y contribuye a configurar la historiografía sobre el fenómeno de la emigración de españoles hacia Europa en la segunda mitad del siglo XX, desde la óptica de los andaluces retornados. Las fotografías de los trabajadores andaluces no son únicamente un recuerdo familiar, un álbum de fotos íntimo. Aquella idea tan extendida en el mundo del Arte de la importancia de convertir un hecho local en universal, se transmuta aquí en la conversión de estas historias personales como la historia global de este acontecimiento. Estas fotografías configuran un relato, una narración propia y se constituyen como documento histórico de primera magnitud para revisar aquella etapa.

La intención no es la de presentar un estudio basado en informes, datos estadísticos y gráficos. Tampoco ceñirlo exclusivamente a la metodología de la historia oral, basarlo en los testimonios recogidos como única fuente de información. Se trata de reconstruir esa etapa dando prioridad al testimonio gráfico (sus fotografías), para acompañarlo del testimonio oral de los emigrantes y, por supuesto, contextualizándolo y certificándolo con datos concretos. Primero porque se ha comprobado que los testimonios, independientemente del origen de la persona emigrada, su destino, edad, fecha de salida de España o estatus social, coinciden prácticamente al cien por cien en detalles vitales: el protocolo de las salidas organizadas por vía oficial, los métodos de salida irregulares, las contrataciones en destino, el tipo de viaje realizado, la adaptación y vivencias en el extranjero, etcétera, etcétera, etcétera. Por otra parte, la disparidad de los datos y cifras sobre aspectos fundamentales para sistematizar un acercamiento veraz a aquella España y la realidad de la emigración hacia Europa: la escolarización, las cifras de paro en el medio rural, el número de emigrantes según el IEE y según los países de destino, los sueldos percibidos... y otros datos recogidos por informes y publicaciones, hacen de este fenómeno una etapa difícil de cuantificar con cifras exactas. Aunque la horquilla de valores aproximados sí que coincide en algunos datos concretos: los famosos dos millones de españoles emigrados. Por tanto, a este trabajo no se incorporan todos los datos disponibles, sino los más fiables, se hacen comparativas para contrastar cifras y se construyen algunas aseveraciones sobre datos verificados.

Asimismo, es importante subrayar que este estudio pretende huir de academicismos, sin renunciar al rigor, y opta por las nuevas corrientes del ensayo, aquellas en las que prevalece la innovación literaria sin ataduras formales que hacen la lectura farragosa o limitan su público a un reducido número de lectores certificados, para compartir con ellos las tesis que exponen. Una libertad que se extiende a las fuentes documentales, pudiendo servir de base informativa desde notables ensayos sobre economía y política, hasta crónicas periodísticas y películas de ficción o documentales, pasando por testimonios vertidos en blogs y redes sociales, además de novelas gráficas sobre la emigración. Se puede conocer más de la España de la que partieron, leyendo por ejemplo a Juan Benet o Miguel Delibes, que en muchos manuales de Historia. Conocer las sociedades a las que llegaron, viendo la sociología que impregna la obra de Patrick Modiano y Heinrich Böll, además de estudiar la integración de los emigrantes en novelas como *Paris-Austerlitz*, de Rafael Chirbes, y películas como *Katzelmacher* (R. W. Fassbinder, 1969).

Sería absurdo pretender establecer una mirada completa y actualizada sin acudir a las nuevas formas de acceso a la información, aquellos recursos que facilitan la comunicación digital (basta entrar en la página web http://www.rtve.es/filmoteca/no-do/ para tener acceso a una de las referencias fundamentales para este estudio). Lo que no ha cambiado en el trabajo del historiador es el análisis de las fuentes, por muy oficiales que estas sean. De tal modo, que tener acceso al archivo audiovisual del No-Do implica la obligación de considerar la propaganda implícita en su relato, al igual que acceder a los informes del Instituto Español de Emigración obliga a comparar sus cifras con las estadísticas de los países de destino, para corroborar la veracidad de los datos y las informaciones.

En ese sentido, las coincidencias entre los testimonios de los emigrantes (personas de diversa edad y procedencia que no se conocían entre sí) configuran una narración homogénea, un todo construido sobre historias individuales que narran experiencias similares, y dotan de veracidad su historia. Ese relato queda atestiguado por sus fotografías, que ilustran situaciones y hechos coincidentes en diferentes países y en diferentes fechas. Imágenes que se repiten en París, Bruselas o Frankfurt, hasta en los mismos detalles, aunque hayan sido tomadas en décadas diferentes.

LA FOTOGRAFÍA COMO BASE DE UNA CRÓNICA

En Literatura, desde tiempos inmemoriales, la autobiografía constituye un (sub)género propio que ha ido derivando hacia otros estilos y corrientes. La autoficción, que es uno de los modelos literarios más valorados en el panorama actual, nos revela (desde Thomas Mann, Miguel de Unamuno o Paul Léautaud a Karl Ove Knausgard, Annie Ernaux o Manuel Vilas) una realidad social y un contexto histórico que nos sirven para documentar las circunstancias históricas y sociales que rodean a cada uno de esos escritores.

En el cine, el género documental o la docuficción[5] son tomados como herramientas de utilidad para la historiografía. Incluso las canciones, desde los antiguos cantares hasta los cantautores, se han hecho un hueco como testigos de la sociedad y los acontecimientos históricos de su época. También la fotografía doméstica, las imágenes familiares e íntimas se

5. Término acuñado para referirse a la ficción documental.

han colado en los archivos como documentos históricos por su antigüedad o por el valor de lo que representan: moda, costumbres, vida doméstica, etc.

Partimos de la idea de que el conjunto de fotografías que constituye la base de este estudio representa un documento histórico tanto por su antigüedad (muestran una tipología y una sociedad de hace más de 50 años), como por la valía de lo que representan (son el retrato de un fenómeno social e histórico trascendente en la historia de España). A ello hay que sumar un valor añadido, su fuerza narrativa, ya que pueden considerarse un modelo de autoficción; pues, en realidad, son un diario gráfico de sus historias personales durante su periplo migratorio. Por tanto, se puede afirmar que el fenómeno de la emigración española hacia Europa en la segunda mitad del siglo XX puede ser perfectamente documentado, gracias a los cientos de fotografías que integran cada uno de los archivos personales que conformaron cada una de las familias que emigró. Archivos que coinciden en temáticas y en los objetivos que perseguían al captar esas imágenes.

La fotografía, en el caso que nos ocupa (aquellas imágenes personales que se tomaban como testimonio de un momento de vida), ha tardado en abrirse paso en esta línea, tal vez porque era devorada por el fotoperiodismo. Pero –como hemos reseñado anteriormente– es indudable que las imágenes personales, las de carácter íntimo y familiar, también se usan en los archivos para documentar la historia más reciente.

¿Es este relato autobiográfico que los emigrantes construyen con sus fotografías una vía más del territorio de la historiografía basada en documentos gráficos? ¿Puede considerarse una línea paralela a la autoficción literaria? ¿Por qué no? Si podemos demostrar que una fotografía tiene como primer objetivo retratar a quienes aparecen en ella, pero muestra a la vez un contexto social, una situación laboral, una forma de vida o cualquier otra situación que aporta una segunda lectura de valor para configurar un relato, entonces diremos que sí. Y esa es la realidad de las fotografías en las que se basa este estudio.

Estamos ante una serie de fotografías, organizadas en torno a una serie de ejes temáticos, que constituyen el catálogo más directo y fiel sobre el fenómeno de la emigración. Esa construcción de un relato propio, con un canon que se repite independientemente del lugar de procedencia, de destino, de la edad y de las circunstancias personales, es lo que certifica el planteamiento de que se trata de una visión general del episodio de la emigración española hacia Europa.

Ese fenómeno ya ha sido contado por historiadores, periodistas y sociólogos. Dejemos ahora que sean sus propios protagonistas, a través de las imágenes que tomaron, quienes nos lo cuenten.

UN VALOR AÑADIDO

Ya hemos indicado que las imágenes tomadas antes de que la fotografía digital impusiera su dominio de forma totalitaria, representan un modelo muy diferente del que conocemos hoy día. La preocupación por lo que se mostraba, la ausencia de ensayo y error, el coste económico de cada fotografía son factores que dotan de una gran importancia la capacidad de una foto para convertirse en un documento que capta un instante, una emoción que transmite un mensaje: se trata de algo único. Hoy día, en una época en la que almacenamos miles de fotografías en nuestros móviles, ordenadores y discos duros, el valor de las fotografías como recuerdo personal y como documento gráfico ha variado considerablemente. El fotógrafo Matías Uris ha estudiado este fenómeno y teoriza sobre la «basura digital», afirmando que tanta sobreexposición de fotos en redes sociales conlleva saturación e impersonalidad. «Nos proporcionan tanta información que al final al cerebro no llega casi nada», una cuestión que están corroborando médicos y sociólogos. Uris proclama «la necesidad de un ecologismo de la fotografía, de no consumir tanto, de no producir tanto, de hacer limpieza de las fotos que hacemos». Y remata con una conclusión significativa: «estamos saturados de imágenes[6]».

Esta comparación con el estado actual de la fotografía *amateur* y la significación que tienen las imágenes personales que se exponen en las redes sociales, nos puede hacer comprender el valor testimonial que presentan aquellas fotografías analógicas que eran tomadas con sumo cuidado, al representar un documento cuya génesis tiene una importancia en el resultado final. Escoger el encuadre, los personajes, el contexto: pensar el mensaje que se quería transmitir, las emociones que se inmortalizaban, la repercusión que querían conseguir en el espectador. Nada era casual. Todo tenía un porqué. Y eso, desde el punto de vista de la historiografía, es un valor añadido.

6. Declaraciones tomadas del diario *El País* (10 de julio de 2019), en un reportaje en el que Uris presenta su último trabajo, *Toshiva*, en el que afirma que la gran cantidad de fotografías que realizamos y almacenamos gracias a las tecnologías digitales «no nos sirven de nada» y piensa que devalúan la importancia de una fotografía como algo único.

METODOLOGÍA Y GRUPOS TEMÁTICOS

La génesis de este trabajo parte de una observación personal, del cambio de mirada respecto a unas imágenes que había visto toda mi vida. Desde que tuve conocimiento de ellas siempre las vi como recuerdos familiares, parte del pasado de mis padres. Pero tras muchos años sin verlas, un día se revelaron ante mí de forma diferente. Ya no las miraba con los ojos de un niño, como trozos impresos del pasado familiar, sino que las contemplaba con la mirada profesional, la de un gestor cultural que observa la potencialidad de unas fotografías como documento histórico y por su valor estético. Ese cambio de enfoque impulsó una iniciativa: recuperar parte de esos álbumes familiares que los emigrantes tenían guardados y ver si esa potencialidad se extendía al resto, para demostrar que la suma de las partes podía corresponder a un todo que se formulara como un relato: el relato de la emigración.

El primer paso fue centrar la investigación en emigrantes de la provincia de Córdoba, por cercanía territorial y para acotar ese primer intento. Fueron contactadas más de 50 familias de emigrantes cordobeses y las fotografías fueron seleccionadas en función de las siguientes premisas: interés documental, valor estético, buen estado de conservación de los originales, lugares de destino[7], edad, género y procedencia[8] de los emi-

7. Interesaba abarcar un amplio número de países para documentar los lugares de destino de la mayor parte de emigrantes. La búsqueda dio como resultado un mayor número de emigrantes que habían ido a Francia y Alemania, pero se consiguieron también fotografías de Bélgica, Holanda, Luxemburgo y Suiza.

8. La mayoría de ellos procedían de pueblos de la provincia de Córdoba y sólo una parte mínima, un 18% eran originarios de la capital.

grantes. Otra cuestión fundamental fue el motivo de la salida de España: tenía que ser única y exclusivamente económico, aunque pudieran existir otras motivaciones colaterales. Es decir, que fuesen emigrantes, no exiliados.

Una vez puesto en marcha el operativo, el trabajo de campo dio como resultado la obtención de 1.392 fotografías y más de cien documentos. Permisos de residencia, contratos de trabajo, carnés de acceso a las fábricas, manuales del trabajo en las minas, incluso permisos de conducir y abonos de metro llegaron procedentes de las manos de los emigrantes y de sus familiares. En un primer análisis, el estudio de las fotografías revelaba una coincidencia prácticamente total en la temática y acciones que representaban las imágenes. Fotografías en el trabajo, posando, realizando tareas domésticas, socializando, viajando, fotografías de niños y comidas, muchas comidas. La categorización estaba nítidamente definida.

Se clasifican así las fotografías en función de los grupos temáticos y las tipologías, que dan como resultado siete colecciones cuya denominación ya responde a un criterio con fines expositivos (entre paréntesis el número de fotos que integraron cada apartado en la exposición):

1. Estamos bien (21)
2. En el trabajo (11)
3. De viaje (7)
4. Hora de comer (6)
5. Labores domésticas (6)
6. Vida social (10)
7. Niños y colegios (9)

Una primera elección, pensado en los grupos temáticos establecidos, redujo el número a 240 fotografías. Mientras que la selección final, pensada para la exposición y en función de las dimensiones de la sala, extrajo 70 fotografías que formaron parte de la exposición *Raíles y maletas*, dentro de la XIV Bienal de Fotografía de Córdoba, en 2015.

Años después, la inquietud por retomar el proyecto fructificó en nuevas acciones y se recopilaron fotografías de emigrantes procedentes de otras provincias, con el fin de abarcar una mirada que englobase la totalidad de Andalucía. Se han recuperado fotografías de emigrantes procedentes de Almería, Cádiz, Granada, Jaén, Málaga y Sevilla que, sumadas a las de Córdoba, dan un resultado que triplica la cifra primigenia: cerca de 4.200 fotografías fueron examinadas.

Un segundo estudio, bajo el mismo enfoque inicial, muestra claramente que las fotografías repiten los mismos grupos temáticos y persiguen transmitir el mismo mensaje, por lo que se intuye que hay una similitud en las historias individuales de cada emigrante. Esa coincidencia es la que confiere al conjunto la entidad de relato, ya elevado a un nivel superior (por la cantidad de fotografías vistas y por la extensión del proyecto a casi la totalidad de la comunidad andaluza), de manera que podemos afirmar que hay una narración general del periplo migratorio. Y ese relato de la historia de la emigración andaluza, por ser el colectivo mayoritario y por haber inmortalizado en miles de fotografías un diario construido con imágenes, nos sirve para documentar el fenómeno de la emigración española.

La metodología escogida para estudiar las imágenes conseguidas en esta segunda fase del trabajo se basó en el mismo criterio anterior, al entender que era prioritario exponer la crónica de la emigración por temas y no por historias personales. Una explicación detallada de cada grupo resuelve del siguiente modo la catalogación efectuada:

De viaje. Para muchos de los trabajadores andaluces que emigraron a Europa, esta partida fue la primera salida de su localidad de origen, exceptuando el desplazamiento que algunos hombres habían realizado para cumplir el servicio militar. Lo que empieza como una aventura, un desafío que aporta buenas dosis de incertidumbre, se convirtió con el tiempo en una normalidad en sus vidas y en muchas ocasiones en un placer. Además del primer viaje, que fue retratado por periodistas y el personal del IEE, son abundantes las fotografías de los múltiples desplazamientos que realizan durante su estancia. Los retornos estacionales, las excursiones y viajes turísticos en el país de destino, así como el viaje de retorno definitivo, conforman un amplio muestrario dentro del álbum de la emigración.

Estamos bien. Si el objetivo de enviar una fotografía a los familiares que permanecían en el hogar, a miles de kilómetros de distancia, era el de transmitir tranquilidad sobre su situación como desplazados, entonces estamos hablando de trasladar una certeza que debía aportar seguridad a quien la recibía. «Estamos bien», ese era el mensaje. Y nada mejor que hacerlo con fotografías que mostraban que el viaje había merecido la pena. Posados con sonrisa a cámara, fotos con compañeros de trabajo que constatan que habían hecho amigos, retratos con elegantes abrigos que les protegían del duro invierno centroeuropeo, posados sobre una moto o junto al último coche que acababan de comprar, eran imágenes que servían para tranquilizar y alegrar a familiares y amigos que habían quedado atrás. No suelen mostrar ostentación, solo un orgullo que enseña con humildad las mejoras conseguidas, el poder adquisitivo, el tipo de vida que llevan y el acceso a bienes materiales. Cuestiones a las que aspiraban y por las que manifiestan sentirse bien.

En el trabajo. El objetivo principal. El motivo del viaje. Conseguir un trabajo que mejorase su forma de vida y alcanzar unos ingresos notablemente superiores a los que podían aspirar en España era el origen de todo. A veces con más esfuerzo y sacrificio del esperado, cuestiones que quedaban orilladas ante la prioridad del objetivo marcado. Por tanto es lógico entender que las fotografías en el lugar de trabajo sean uno de los grupos más destacados del álbum de los emigrantes. Imágenes que constatan la obtención de un trabajo, haber conseguido el objetivo. Fotografías que muestran a hombres y mujeres en fábricas de media Europa, sentados en una cadena de montaje, ante maquinaria pesada, adecentando parques y jardines, cargando equipajes en terminales de aeropuertos, limpiando edificios públicos, cocinando y desarrollando múltiples tareas. También nos hablan del estatus conseguido, de integración (al retratarse con compañeros originarios del país de destino y emigrantes procedentes de otros países), de voluntad (viendo a muchos de ellos como pluriempleados para mejorar económicamente) y de otras cuestiones que exploraremos en el capítulo correspondiente.

Hora de comer. Una de las curiosidades que ha deparado este trabajo ha sido la de comprobar las numerosas fotografías de comidas que atesoran todos los archivos personales revisados. Comidas en el trabajo, en los barracones en los que estaban alojados, comidas caseras, con la familia, con los compañeros, comidas al borde de la carretera mientras se hace un descanso en el viaje, comidas en el tren que les transportaba, comidas con compañeros en el mismo puesto de trabajo… Infinidad de momentos alrededor de una comida, sea organizada o solo con algo de queso y embutido en cualquier momento y en cualquier rincón. Fotos, fotos y más fotos sobre comidas.

Labores domésticas. Las tareas propias del día a día, aquellas que se realizan como parte de la cotidianidad en la vida doméstica, no eran objetivo prioritario de los recuerdos fotográficos familiares. Quizá alguna fotografía cocinando, los preparativos de una celebración, poco más. Sin embargo, en los álbumes de los emigrantes ocupan varias páginas los retratos de personas que limpian la casa, lavan la ropa, cocinan o planchan. Este interés por retratar las labores domésticas puede chocarnos, más todavía, cuando en el visionado comprobamos que en muchas ocasiones esas tareas se realizaban en condiciones muy precarias. Por tanto, podemos deducir que se trata de testimonios que ilustran de forma documental su vida como emigrantes. Responden a una necesidad por contar su periplo, incluyendo el día a día, sea en las condiciones que sea. Un documentalismo que les acerca considerablemente a la óptica de los fotógrafos profesionales y que debido a la importancia testimonial que atesoran estas fotografías (retratos de gran valor antropológico) merecen un capítulo propio.

Vida social. Fotografías que ejemplifican la vida en comunidad, la convivencia, una circunstancia fundamental en la vida de un emigrante. En este apartado se muestran las imágenes de las actividades compartidas con familiares, amigos y compañeros de trabajo. Acciones que se realizan en común y muestran las costumbres, ritos, tradiciones, momentos de ocio y diversión, etc. También hay una fuerte componente nostálgica; nostalgia de Andalucía, de territorios y emociones comunes que identifican un pasado común que les une más, si cabe, fuera de España. Asimismo, las imágenes son significativas para informarnos sobre la adaptación al medio, sobre cómo vivían sus años de juventud en esos países. Incluso nos hablan de integración, cuando los vemos compartiendo momentos de ocio con emigrantes de otras nacionalidades y ciudadanos del país de destino. También, en menor medida, incluyen aspectos sobre asociacionismo y política, inquietudes que no podían desarrollar en España y que desarrollan en sus lugares de destino.

Niños: los herederos. Fotografiar a los hijos es una costumbre adquirida por los padres casi desde el momento de inicio de la paternidad. El bautizo, los cumpleaños, el colegio... En el caso de los emigrantes estas fotografías tienen una serie de connotaciones añadidas. Los hijos son la herencia vital, los herederos, el motivo por el que muchos de ellos han emprendido el viaje, han peleado para mejorar y asegurar un futuro que les permita tener una vida mejor que la que ellos tuvieron en su infancia y juventud. Representan algo más que el álbum de la infancia. Son recuerdos de las mejoras conseguidas para ellos: niños que celebran fiestas y cumpleaños con comida y refrescos que sus padres no habían conocido, niños que viajan en cómodos automóviles, niños que se divierten con juguetes último modelo, etc. Y también representan la integración, el arraigo en el país, compartiendo clases y juegos con compañeros de colegios y de equipos deportivos.

EL PATRÓN SE REPITE, LA HIPÓTESIS SE CONFIRMA

Otras aproximaciones al fenómeno de la emigración, sobre todo las que han incorporado numerosos testimonios gráficos (reportajes periodísticos, entradas en blogs, páginas web y exposiciones de fotografías), han creado grupos temáticos similares, otras veces diferentes o se han acercado a los temas con otro enfoque. De tal modo, que algunos de estos acercamientos han dotado de entidad propia a un grupo que refleja el asociacionismo y las actividades de signo político, cuestión aquí eludida (integrada en el grupo dedicado a la vida social) para evitar la confusión entre la salida de España por motivos políticos (exiliados) de las que se realizaban por motivos económicos (emigrantes). Otras veces encontramos separados conceptos similares: los que han sido denominados como «vida asociativa» de los que integran la «vida social». En este estudio, el primer grupo ha sido incorporado al segundo, quedando «vida social» como un único grupo que lo engloba todo. La decisión se fundamenta en que la vida asociativa podía identificarse como acción política y, sin eludir ese tema, darle una categoría propia desvirtuaría la visión de este grupo. También hay trabajos que establecen numerosas subdivisiones: eventos deportivos, excursiones, visitas familiares, fiestas juveniles, el mencionado asociacionismo, sindicalismo y política, por poner algunos ejemplos. Esta ampliación en subgrupos no se ha considerado en ningún momento, ya que podía haber desvirtuado la entidad de los grupos principales.

Para trazar esta narración, hilvanada por las múltiples fotografías estudiadas, se ha procedido a dedicar un capítulo a cada uno de los grupos temáticos, en el que se explica la cuestión matriz que articula ese grupo de fotografías en relación al contexto histórico de la emigración y en consonancia con la realidad española del momento y de los andaluces que formaron parte de aquel movimiento migratorio. Las cuestiones más destacadas han sido ejemplificadas con la descripción textual de significadas fotografías, aquellas imágenes que son el arquetipo de lo que se quiere contar y que tienen réplica en otras fotografías. Es decir, se han comentado fotografías que representan un ejemplo paradigmático de lo que diversos trabajadores andaluces de varias provincias que fueron a diferentes destinos intentaron captar para transmitir el mismo mensaje;

por ejemplo: ilustran algunas tareas domésticas dos fotografías, una en Francia y otra en Alemania, una protagonizada por una mujer sevillana y otra por un hombre cordobés, en las que se ve a ambos lavando la ropa en condiciones adversas y, curiosamente, utilizando el mismo detergente. ¿Por qué se retratan lavando la ropa en un barreño en el suelo de un patio comunitario? ¿Por qué fotografiarse haciendo la colada en el fregadero de un barracón? ¿Por qué se han encontrado imágenes de este tipo en álbumes de emigrantes que fueron a Francia, Bélgica, Alemania o Suiza y procedían de todas las provincias andaluzas? Se trata de un patrón, un modelo establecido, uno dentro de un grupo significativo. Ese patrón se ha buscado a través de cientos de fotografías, a veces escogidas por su simbología, otras por su estética, por el mensaje que transmiten o por la importancia del testimonio aportado por sus protagonistas. Por tanto, se trata de imágenes (muy) representativas de lo que fotografiaban los emigrantes y del mensaje y las emociones que querían transmitir. Cada una de las incluidas en este trabajo representa a decenas, pues la descripción de esas imágenes no podría hacerse con la totalidad de las fotografías que engloban cada grupo, ya que entonces el resultado final de este estudio abarcaría miles y miles de páginas.

Para acreditar la afirmación de que cualquiera de esas imágenes equivale a múltiples fotografías similares, y por tanto no es necesario repetir la descripción de cientos de ellas para demostrarlo, me tomaré la licencia de anotar una anécdota personal. El último día de la exposición *Raíles y maletas* en la XIV Bienal de Fotografía de Córdoba, los organizadores decidimos dar una copa de agradecimiento a quienes habían aportado fotografías y hacer una visita guiada, explicando todo el proceso y centrándonos en algunos detalles personales, como símbolo de gratitud y reconocimiento. Al terminar el acto, la mayoría de los asistentes permanecieron en la sala observando con detalle todas las fotografías y documentos expuestos y hablando entre ellos. De repente observé a una persona llorando y me acerqué. Se trataba de un hombre de mediana edad que aparecía en una de las fotografías cuando era niño junto a su hermano y su padre. Charlamos y le pregunté si se había emocionado al ver las fotografías de su padre, recientemente fallecido, y me contestó: «No, si no lloro por eso, que también me emociona, estoy llorando porque veo que lo que yo he vivido lo han vivido todos los demás».

No se trata, por tanto, de realizar un inventario detallado explicando cada una de las fotografías seleccionadas; para eso están los catálogos de las exposiciones. Se trata de reflejar la intencionalidad de las fotografías, subrayar las emociones que querían trasmitir y exponer el objetivo que pretendían mostrar. Pues todas las fotografías recibidas y todos los grupos establecidos tienen un elemento en común: la mirada de un fotógrafo que quiso captar una historia a miles de kilómetros de su hogar. En definitiva, son trozos de vida impresos en pequeños papeles, cuyo mosaico conforma un pedazo de nuestra historia.

UN POCO DE HISTORIA

> Tan solo diré que lo único que un escritor debe trabajar es la documentación que ha recogido como resultado de su propio esfuerzo y observación, y no puede negársele el derecho a emplearla.
>
> Truman Capote

El fenómeno de la emigración tiene una motivación principalmente económica. Bien es cierto que no es un hecho homogéneo, sino que presenta aristas de tipo político y social: aspectos nada desdeñables como la represión política, la marginalidad, la persecución por la orientación sexual y un largo etcétera. Sin embargo, se hace necesario diferenciar la persecución política que obliga al individuo a huir de España para salvar su vida o la de sus familiares, es decir, aquello que se cataloga como exilio, de la salida del país para mejorar una situación económica precaria. A veces esa precariedad viene establecida mediante la represión por causas políticas que provoca la exclusión de determinados puestos de trabajo y la marginalidad laboral. En ese caso también podemos hablar de emigración, ya que las causas económicas son el principal motivo, aunque vengan inducidas por otro factor primario. Parece una obviedad, pero es importante discernir entre aquellos emigrantes cuyo principal objetivo era conseguir trabajo y mejoras económicas, de los exiliados o refugiados. A pesar del claro enfoque económico con el que se va a tratar el fenómeno migratorio en este trabajo, no se van a eludir esas connotaciones antes reseñadas. Un claro ejemplo es cómo incide la miseria y la falta de alimento en la población, en función de la militancia que hubiesen tenido en alguno de los dos bandos resultantes de la Guerra Civil.

Bien es sabido que el germen de los movimientos migratorios en nuestro país es la crítica situación económica de la posguerra, los denominados «años del hambre», y en esa etapa la carestía afectó a la práctica totalidad de la población del país. Pero lo que pudiera ser un «mal democrático» no escapa de las connotaciones políticas.

> La carestía de alimentos fue un elemento principal en la España de la autarquía. Un elemento tan necesario y básico no estuvo al alcance de las clases más desfavorecidas. Tras un inestable y convulso siglo XIX, y el complicado y agitado primer tercio del siglo XX, España se enfrentó a una depresión económica tan fuerte que las vidas de algunos españoles estuvieron en serio peligro. [...] Una España en la que falta de todo, al menos para las capas sociales más modestas, será una norma; mientras que para las más acomodadas será una excepción.
>
> Una miseria que vendrá dada por las pésimas condiciones de vida, los problemas de la vivienda, la mendicidad, la propagación de enfermedades derivadas de la desnutrición y de los elementos higiénicos más básicos. Y una miseria representada, por supuesto, en una situación alimenticia catastrófica, donde alimentarse o no hacerlo llegó a identificarse con los vencedores y vencidos en la Guerra Civil[9].

9. Arco Blanco, Miguel Ángel del, *Hambre de siglos. Mundo rural y apoyos sociales del franquismo en Andalucía Oriental*, Comares, Granada, 2007, p. 291.

Una vez aclarado que la emigración como fenómeno propiciado por causas económicas va a ser el objeto principal del estudio, conviene esbozar el panorama económico español y europeo, trazando algunas líneas fundamentales que nos ayuden a comprender cómo se inicia el trasvase de trabajadores de España hacia los países de Europa Occidental. Son panoramas muy diferentes: uno al alza y de crecimiento rápido (Europa) y otro a la baja, hundiendo aún más una economía deprimida (España). La confluencia de estos momentos económicos, desde finales de los años cuarenta y durante la década de los cincuenta, va a ser el caldo de cultivo propicio para la explosión del fenómeno. Veámoslo por partes.

EUROPA

Al finalizar la II Guerra Mundial, las grandes potencias se disponen a reconstruir Europa. Se activan políticas económicas diseñadas para alcanzar ese objetivo que, junto a la ayuda del Plan Marshall y el espíritu renovador que impregna a las poblaciones europeas, fructifican en un rápido desarrollo del mercado de trabajo. El paradigma de esta coyuntura fue el denominado «milagro alemán», cimentado sobre la estabilización económica obtenida con la implantación de la economía social de mercado, en combinación con la reforma monetaria de 1948 y la inyección económica del Plan Marshall estadounidense. El modelo alemán se sustenta en la regulación de los mercados, con estrechas relaciones entre el gobierno y las empresas alemanas, sin permitir a los grupos o consorcios empresariales aglutinar mucho poder, ya que se consideraba ese factor como una de las claves del ascenso de Adolf Hitler, y las potencias de ocupación, sobre todo Estados Unidos, no iban a consentir la idea de libre mercado que quería implantar Ludwig Erhard[10], ministro de Asuntos Económicos de la República Federal de Alemania (RFA) en el primer gobierno salido de las urnas tras la guerra, formado en 1949, con Konrad Adenauer (CDU) como Canciller. Esa regulación del mercado, junto a la cooperación prácticamente total de sindicatos y grupos empresariales, significa que «el crecimiento económico fue lo suficientemente rápido durante aquellos años para responder sin problemas a la mayoría de las demandas[11]» y hubo que alimentarlo con la llegada de mano de obra extranjera.

Junto a Alemania, otros países que necesitaron ayuda para su reconstrucción como Francia y Bélgica comienzan a emerger y su crecimiento pronto propiciará la necesidad de incorporar trabajadores extranjeros. Prueba de ello es que Alemania (7,6) lidera los Índices de Crecimiento Económico en la Europa de posguerra (que tiene una media de 4,2) y Francia (4,4) se sitúa por encima de la media europea, mientras que Gran Bretaña (2,6), que no había sufrido la ocupación nazi y era uno de los estados vencedores, presenta índices mucho más bajos.

De esta forma, a principios de la década de los cincuenta, la demanda de mano de obra en los países del norte y centro de Europa da pie a las primeras migraciones de trabajadores procedentes de países del ámbito mediterráneo. Alemania, como

10. Erhard se describió una vez a sí mismo como «una invención americana», dando a entender que el control de EE.UU. sobre sus ideas económicas terminó fructificando en un consenso que dio como resultado una excelente política económica, el famoso «milagro alemán».

11. Judt, Tony, *Postguerra. Una Historia de Europa desde 1945*, Taurus, Madrid, 2010, p. 393.

motor de este cambio, comienza a regular estos movimientos y en 1955 pone en marcha un programa cuyo objetivo era captar mano de obra de países como España, Grecia, Italia y Yugoslavia, con la incorporación posterior de Portugal y Turquía. Este programa se asienta gracias a la firma de acuerdos bilaterales y la colaboración de las oficinas de empleo de los países de origen.

España ve una gran oportunidad en ese flujo de trabajadores hacia el extranjero, que le servirá para canalizar la saturada emigración de las poblaciones rurales a las grandes ciudades, eliminar gran parte de la masa de población inactiva y obtener divisas. El estado pone en marcha la maquinaria y crea el Instituto Español de Emigración (IEE) en 1956, para tutelar un fenómeno que estaba empezando a cobrar cifras considerables. La emigración de trabajadores españoles, que ya empezaba a adquirir importancia, comienza a regularse a través de esta entidad. Se firman los primeros acuerdos, pactando los contratos de trabajo con Alemania, Bélgica, Francia, Holanda, Reino Unido y Suiza, para dar respuesta a sus demandas laborales. Se establecen convenios de colaboración en los que el IEE se encarga de:

> –Recibir las ofertas de trabajo y clasificarlas por países y profesiones para buscar el número de trabajadores necesarios en cada caso.
> –Reclutar a los trabajadores, seleccionados de las listas de demanda de empleo[12] donde se habían inscrito quienes

12. Los grupos de trabajadores no se nutrían únicamente de las listas de desempleados, sino que la información circulaba de boca en boca y la transmisión fluía entre familiares y conocidos, incluso las proposiciones con ofertas de trabajo llegadas desde el extranjero a través de quienes se habían exi-

solicitaban trabajar en el extranjero, e informarles sobre las condiciones de trabajo y sus derechos.

–Incorporar examinadores de los países receptores, que se desplazaban a las provincias españolas para seleccionar a los más aptos.

–Convocar un examen médico para determinar el perfecto estado físico de los trabajadores. La Cartilla Sanitaria, imprescindible para conseguir el trabajo y la autorización para viajar, era otorgada únicamente a quienes superaban este examen médico.

Gracias a esos acuerdos y los mecanismos dispuestos para fomentar la emigración, la partida de trabajadores españoles hacia Europa se multiplica, cifrándose en más de un millón de personas: 1.113.658 emigrantes, de 1960 a 1974, según datos oficiales del Instituto Español de Emigración[13]. Una cifra que hace referencia a la emigración asistida, tutelada por el IEE. Pero, si sumamos la emigración irregular y las de temporada (algunas que hacían periódicamente muchas familias para trabajar en la vendimia francesa o en la temporada alta de la hostelería suiza), se multiplicaría por dos, acercándonos a esos dos millones de emigrantes que estipulan casi todos los estudios sobre el tema. En este sentido, las cifras –una vez más– bailan. La mayoría de las fuentes estiman que la emigración irregular alcanzó el 52% del total de personas que partieron hacia Europa en busca de trabajo,

liado o habían emigrado con anterioridad a la creación del IEE, llevaron a un considerable número de trabajadores a las dependencias de esta entidad para formalizar su salida al extranjero.

13. *Datos básicos de la emigración española 1975*, Ministerio de Trabajo, Instituto Español de Emigración, Madrid, 1976.

mientras que algunos historiadores elevan la cifra hasta un –desmesurado– 75%. Parece más acertado el primer porcentaje que, en lenguaje coloquial, se acerca a esa creencia de que «la mitad de españoles que emigraron lo hicieron de forma irregular». Ahora bien, si a la emigración efectuada fuera del IEE le sumamos la emigración estacional (temporeros) y los exiliados, sí estamos cerca del segundo porcentaje que se puede encontrar en algunos estudios y manuales de Historia; pero incluir a quienes salieron de España por motivos políticos, aquellos cuya permanencia en el país ponía en riesgo su vida, aunque –obviamente– son trabajadores españoles en el extranjero, desvirtúa el carácter de este fenómeno migratorio.

Si tomamos los datos de población activa española en los países europeos, ignorando si su llegada a ellos fue consecuencia de una migración económica o del exilio por motivos políticos, las cifras se disparan. Por ejemplo, en 1968 residen en Francia unos 600.000 españoles, de los cuales poco más de cien mil habían llegado a través del IEE. Si tenemos en cuenta que Francia fue el principal país de destino de quienes se vieron forzados a abandonar España tras la Guerra Civil, el panorama queda más claro. Si –además– sumamos la residencia temporal en Francia y Suiza, donde los temporeros aparecen censados en las estadísticas de estos países, las cifras casi alcanzan el 75%. Veámoslo en un cuadro comparativo.

Datos de emigración a los principales países de Europa: Alemania, Bélgica, Francia, Gran Bretaña, Holanda y Suiza[14].

Año	**Personas** (1)	**Personas** (2)
1960	132.213	19.610
1961	190.664	59.197
1962	247.197	64.794
1963	259.892	82.889
1964	318.310	101.782
1965	305.284	74.282
1966	245.457	56.706
1967	180.239	25.780
TOTAL	1.879.256	485.040

(1) Estadísticas de los países de destino (incluyendo la de temporada a Francia y Suiza).

(2) Emigración asistida según el IEE

La comparación de datos entre las estadísticas de los países que acogieron a la mayoría de los emigrantes y las cifras oficiales del organismo que controlaba la emigración desde España, arroja una diferencia abismal. Estos porcentajes informan de que la cifra de trabajadores establecidos en los países europeos

14. Fuente: elaboración propia extraída de las estadísticas de los principales países de destino (Alemania, Bélgica, Francia, Gran Bretaña, Holanda y Suiza) y las cifras oficiales del IEE. Los datos estadísticos encontrados en los censos de los países europeos hacen referencia a este período, aunque la tabla de los informes del IEE llega hasta 1974.

procedentes de la emigración asistida representa solamente un 26% del total. Ahora sí, con el añadido de sumar exiliados y temporeros, encontramos ese 75% que algunos autores citan como dato de la emigración irregular.

Una vez aclaradas algunas cuestiones clave sobre la disparidad de los datos disponibles y los criterios a la hora de establecer las cifras de la emigración española que se pueden encontrar en diversas publicaciones, tomaremos como base de trabajo los famosos dos millones de trabajadores emigrados hacia países europeos. De ese colectivo, «se estima que entre un 30% y un 40% eran hombres y mujeres procedentes de Andalucía[15]». Es decir, aproximadamente unos 700.000 andaluces se vieron desplazados para trabajar en el extranjero. Las cifras oficiales del IEE para el período 1962-1974 censan 339.137 andaluces asistidos, lo que supone un 30% del total de los que salieron de España a través de esta entidad. De 1962 a 1973, ambos inclusive, el Instituto Andaluz de Cartografía cifra en 100.000 andaluces los que abandonan la región cada año, con destino a otros lugares de España y a Europa. Una estimación que parece estar redondeada al alza y que, atendiendo a esos cálculos, cifra en 1.300.000 los andaluces emigrados en ese periodo. Según esos mismos cómputos, un 40% de esos andaluces movilizados cruzaron los Pirineos, lo que supondría unos 520.000. Como vemos, las fuentes proporcionan datos dispares, por lo que es imposible saber con certeza el número exacto. Si utilizamos como cierto el dato de que la emigración irregular fue prácticamente idéntica a la coordinada por el IEE y tomamos la cifra de esa entidad, que es real en cuanto a emigración asistida,

15. Lemus López, E., «Andalucía bajo el franquismo», en *Historia de Andalucía Contemporánea*, Encarnación Lemus López y Leandro Álvarez Rey (coords.), Huelva, Universidad de Huelva, 1998, p. 485.

deberíamos doblar ese número, de manera que nos daría un total de 678.274 trabajadores andaluces trasvasados a Europa (cifra muy próxima a la que ofrece Encarnación Lemus).

Los datos que nos proporcionan los países de origen, nos indican que el de los españoles era uno más de los grupos de población que formaban el colectivo de inmigrantes en los países de la Europa Occidental. De tal modo que en Alemania representaban el 7% de los trabajadores emigrados, ocupando el quinto lugar detrás de turcos, yugoslavos, italianos y griegos; en Francia el 15%, tras los portugueses; y en Suiza el 11%, siendo los segundos más numerosos tras los italianos. Estos trabajadores fortalecieron la economía de los países a los que llegaron, contribuyendo a su espectacular desarrollo económico, como consecuencia de un proceso migratorio que fue *in crescendo* y alcanzó unas cifras espectaculares. A consecuencia de este crecimiento se cuantifica en 1973, justo antes de la «crisis del petróleo», en tres millones la cifra de «trabajadores invitados» en la RFA, mientras en Francia da como resultado que el 11% de la población activa sean trabajadores emigrados. Estos números, según el historiador Tony Judt, significan que «el *milagro económico* europeo dependía enormemente de la contribución de estos emigrantes y de las remesas que enviaban a casa».

ESPAÑA

Pero no solo fueron las motivaciones procedentes del exterior las que impulsaron el fenómeno de la emigración. El aislamiento que cerca a España tras la finalización de la II Guerra Mundial, por haberse posicionado a favor del eje Roma-Berlín, junto a los estragos económicos que causa la autarquía, establecen un país aislado y sin posibilidad de crecimiento económico.

El álbum fotográfico de la España de la autarquía, un periodo que empuja a cientos de miles de españoles a emigrar, «está salpicado de abundantes testimonios gráficos de aquella España aislada, hambrienta, menesterosa, atemorizada y rural, marcada por el sello de Caín y gobernada por un sindicato de militares, falangistas, altos funcionarios y eclesiásticos; su población insuficientemente escolarizada no disponía de otros espacios de ocio –la televisión empezó a emitir en 1956– que no fuesen los toros, el fútbol y el cine censurado: Manolete, el gol de Zarra en Brasil y el triunfo de Bahamontes en la Vuelta a Francia alimentarían su orgullo patriótico y sus pasiones». Esa es la radiografía de Javier Pradera en el prólogo, denominado «La España de los vencedores», del volumen 5 de la colección[16] que el diario *El País* dedicó a mostrar la historia del siglo XX a través del archivo fotográfico de la Agencia EFE y el suyo propio. Las fotografías de la década de los cuarenta y los cincuenta están plagadas de militares y religiosos, niños famélicos, edificios derruidos, colas y multitudes, y los rostros ajados de la población. Quienes recuerden el testimonio de padres y abuelos que vivieron aquella etapa y les transmitieron las vivencias de la posguerra, reconocerán esas imágenes: las imágenes de los años del hambre. Al igual que reconocerán cualquiera de las descripciones del periodo que se encuentran en los manuales de Historia. Una situación durísima que promueve los primeros movimientos migratorios interiores y dará pie a la emigración en los años cincuenta. «Por aquellas fechas, España era uno de los países más pobres y subdesarrollados de Europa (junto con Portugal y Grecia) y sus niveles de bienestar social y consumo público eran incluso inferiores a algunos

16. AA.VV., *La mirada del tiempo: Memoria gráfica de la historia y la sociedad españolas del siglo* XX, El País, Madrid, 2006.

países latinoamericanos. Por ejemplo, en 1950, en el conjunto de viviendas españolas, solo un 51,8% contaba con retrete propio y únicamente el 33,7% tenía agua corriente, mientras que el 20,5% carecía de electricidad y el 97,4% no disponía de calefacción[17]». Así entra España en la década de los cincuenta.

Atendiendo a criterios económicos y sociales, la situación de España propicia la migración hacia otros países, principalmente por los siguientes factores:

> –Alto índice de paro, provocado por el escaso desarrollo industrial, la mecanización del campo y la economía sumergida en las ciudades.
> –Una tasa de natalidad elevada que conforma un numeroso grupo de población joven.
> –Saturación de las principales zonas industriales (Cataluña, Madrid y País Vasco), destino del éxodo de zonas rurales desde la década de los cuarenta.
> –Tradición migratoria de las regiones de origen, destacando Andalucía y Galicia.

Pero veamos con más detalle cómo se llega a esta situación. Volvemos la vista hasta 1939, el fin de la Guerra Civil española que determina el inicio de la política económica de reconstrucción que durará hasta 1945. Ese año, al finalizar la II Guerra Mundial en Europa, en la Conferencia de Potsdam se condena a España y se decreta su aislamiento. Algunos autores, sobre todo economistas, piensan que durante el período 1936-1947 la política económica debe considerarse como «economía de guerra». Lo que está claro es que en 1948 hay un giro de timón y se establece

17. Moradiellos, Enrique, *La España de Franco (1936-1939). Política y Sociedad*, Editorial Síntesis, Madrid, 2003, p. 114.

el primer Plan de Estabilización con medidas que optan por incrementar la producción, implantar un modelo autárquico y decretar el intervencionismo. Para incrementar la producción se recurre a una industrialización inducida que no responde ni a las necesidades económicas del país ni al desarrollo articulado del territorio. De manera que una de las primeras consecuencias fue la emigración de zonas rurales a zonas industrializadas: sobre todo Madrid, Cataluña y el País Vasco. Comienza aquí un flujo migratorio que continuará en años sucesivos por las medidas económicas adoptadas, la mecanización de las labores agrícolas y las crisis económicas y que, sin duda alguna, va a repercutir en el trasvase de trabajadores a los países europeos.

Este sistema se mantiene hasta 1953, cuando se firman los Pactos militares y económicos con EE.UU. y un nuevo horizonte de desarrollo económico desmonta el modelo de industrialización establecido. Los acuerdos económicos estipulaban recibir la ayuda estadounidense (unos 1.200 millones de dólares, una cantidad muy inferior a lo recibido por otras naciones europeas, pero que alivió la deprimida economía española), pero también hacer importantes reformas:

–Reducir el proteccionismo al mínimo.
–Ampliar los mercados.
–Abrirse a los intercambios internacionales.
–Aceptar el patrón Oro-Dólar de Bretton Woods.

Nos interesa especialmente subrayar la apertura exterior, ya que no se trata solo de establecer intercambios económicos, sino que implica un cambio de pensamiento. Ya no se mira a los países europeos con recelo, ni se ve lo extranjero como enemigo, se ve como una oportunidad. Se dan así los primeros pasos para los intercambios de mercancías y de personas.

Esta inyección económica no representa más que una leve mejoría del enfermo. La inflación y el repunte del paro hacia el final de la década de los cincuenta, demuestran que las medidas adoptadas no habían dado los frutos esperados. Además, la emigración de zonas rurales a las de fuerte industrialización provocó una subida de los salarios de los agricultores, lo que, junto a la incipiente mecanización, origina una quiebra del sistema agrícola tradicional. Un nuevo mazazo a las poblaciones rurales que, ante la saturación de las grandes ciudades, terminan por emigrar al extranjero. Una decisión lógica, ya que este panorama, potenciado por la atracción del desarrollo económico europeo y el poder adquisitivo de sus habitantes, impulsa el movimiento migratorio hacia los países del norte y centro de Europa. Esta emigración que se abre al exterior poco a poco va a recibir un fuerte impulso con la creación del Instituto Español de Emigración en 1956 y un nuevo empujón con la iniciativa propiciada por los ministros procedentes del Opus Dei que ingresan en el gobierno con el cambio de 1957. Una de las medidas adoptadas es la de implantar un nuevo Plan Nacional de Estabilización (1959), que según algunos historiadores tenía «el objetivo de contener la endémica inflación del país y abrirse al comercio y la inversión. Al principio, las consecuencias económicas del plan –impuestas con firmeza y sin concesiones– fueron severas: la devaluación, los recortes presupuestarios, la congelación de créditos y las restricciones salariales redujeron la inflación, pero obligaron a decenas de miles de españoles a buscar trabajo en el exterior[18]».

El Plan de Estabilización (Decreto de Nueva Ordenación Económica del 21 de junio de 1959) no es uno más de los giros en

18. Judt, Tony, *op. cit.*, p. 746.

la política económica del Régimen, sino que es una propuesta firme y decidida para cambiar la economía española y adopta medidas de gran calado que podemos agrupar en cuatro acciones generales:

–Disciplina económica, buscando la estabilidad en la política financiera y monetaria.
–Fijar un tipo de cambio único y realista de la peseta, que se establece en 60 pesetas por 1 dólar.
–Liberalización y apertura al comercio exterior, abandonando por completo el modelo autárquico.
–Reducir al mínimo el intervencionismo, eliminando al máximo las subvenciones para que sea el mercado quien regule la flexibilidad económica.

Estas medidas tuvieron éxito a medio y largo plazo, pero el resultado inmediato fue una depresión económica cuyo efecto alentó la salida de España de un numeroso grupo de trabajadores, afectados por varias consecuencias. La primera fue la bajada de salarios y el recorte de horas extraordinarias y complementos. «La disminución de las remuneraciones complementarias del salario (horas extraordinarias y pluses) llegaría a significar en ocasiones hasta el 50% de los ingresos salariales, lo cual perjudicó especialmente a la población obrera. Las cifras oficiales estimaban que más de medio millón de obreros se vio afectado por la reducción de horas extraordinarias; a esta situación se debe añadir el alto número de empresas que obtuvieron del Ministerio de Trabajo la autorización para reducir el trabajo semanal a tres o cuatro días[19]».

19. Mateos, Abdón y Soto, Álvaro, *El final del franquismo, 1959-1975. La trasformación de la sociedad española*, Temas de Hoy, Madrid, 1997, pp. 14 y 15.

La segunda, como consecuencia de los drásticos ajustes, fue un espectacular incremento del paro. En el primer año de entrada en vigor de las nuevas medidas, del último trimestre de 1959 al último trimestre de 1960, el paro pasa de 91.000 a 132.000 desempleados censados. A este número hay que añadir los trabajadores agrícolas, que no se encuentran en esas estadísticas pero que se cifran en unos 200.000 parados. Si estos dos factores no tuviesen suficiente peso para animar a quienes estuviesen pensando emigrar y buscar trabajo fuera de España, una tercera consecuencia, el cambio oficial de la peseta establecido en relación al sistema económico fundado en Bretton Woods, hace que los ingresos conseguidos en el extranjero se multipliquen considerablemente al traducirlos en pesetas, algo que comprueban con las remesas y transferencias que amigos y familiares emigrados enviaban desde los países europeos.

He aquí la culminación de una serie de procesos históricos y consecuencias económicas que propician uno de los fenómenos fundamentales de la historia española contemporánea: la emigración a Europa.

LA DÉCADA DE LOS SESENTA

El nuevo decenio marca un cambio espectacular en la economía y la sociedad española, siendo la etapa más importante del movimiento migratorio que nos afecta. Por tanto, merece un apartado especial en este capítulo. La importancia radica en que es la década de mayor trasvase de trabajadores españoles hacia Europa, aunque no presenta un ritmo creciente regular. Durante todo el periodo de estudio que nos ocupa, hay que subrayar la presencia de unos flujos migratorios desiguales que se pueden agrupar en cuatro etapas diferenciadas y que afectaron también a los años sesenta:

1. Un incremento destacado desde mediados de los cincuenta (tomemos como fecha de partida la creación del IEE en 1956) hasta 1965.
2. Una etapa en la que se reducen las salidas y aumentan los retornos: 1966-1968.
3. Otra etapa de gran crecimiento: 1969-1973.
4. Una etapa en la que los retornos superan las salidas: 1974-1980.

Sin duda, la década de los sesenta es la que presenta un análisis más interesante, por los altibajos en las cifras de emigrantes, con los picos de salidas más destacados. La primera parte de la década se forja una emigración masiva por tres factores: la crisis económica y el elevado índice de paro propiciado por el Plan de Estabilización, el funcionamiento a pleno rendimiento de la emigración asistida por el IEE y el poder de atracción del cambio de divisas en pesetas. A estos factores hay que añadir que la emigración de zonas rurales a grandes ciudades, provocada por la industrialización inducida a partir de los años cuarenta, no siempre resultaba un sueño cumplido, sino que se ahogaba en las zonas periurbanas, en los arrabales y los poblados de chabolas de las grandes ciudades. Madrid, Barcelona y las principales ciudades de cada región, como es el caso de Sevilla, se encuentran rodeadas por bolsas de población marginal. Así lo cuenta el propio Francisco Franco, tras su visita a Sevilla en mayo de 1961:

> Observé en Sevilla, en los alrededores de la capital, muchas chabolas que me han producido una impresión muy penosa.

> Estaban pegadas a un cementerio y en ellas viven hacinadas numerosas familias; el piso, resbaladizo, húmedo y lleno de toda clase de inmundicias, despide un olor repugnante. Con las pisadas, las inmundicias se van enterrando, las moscas son infinitas y martirizan a los que tienen que vivir en medio de tanta podredumbre. En ningún lugar de Marruecos he visto espectáculo tan deprimente[20].

No es difícil afirmar que, ante este panorama, la población rural que tuviese en mente emigrar se plantease la salida del país antes que trasladarse a las afueras de una gran ciudad española. Es también ese año 1961 cuando la emigración a Europa sobrepasa por primera vez la transoceánica con destino a América. «Antes de 1950, digamos, España generaba flujos migratorios hacia el otro lado del océano; esta emigración tradicional continuó siendo de cierta entidad en el decenio de 1950 y empezó a trocarse en emigración hacia Europa en el decenio de 1960. Naturalmente, las salidas hacia Europa arrancaron del propio Plan de Estabilización y la atonía económica que, de modo inmediato, trajo consigo. Entre 1959 y 1963 casi medio millón de personas dieron el salto de buscar nuevas condiciones de trabajo en Europa. Pero cualquier examen de los flujos migratorios, sin pecado de anacronismo, no deja de impresionar hoy[21]».

El retroceso experimentado a mediados de la década se debe a los años clave del desarrollismo. Los buenos números de la economía española llaman la atención de aquellos que se estaban planteando regresar y hacen crecer el volumen de retornados.

---

20. Franco Salgado-Araujo, F., *Mis conversaciones privadas con Franco*, Planeta, Barcelona, 1976, p. 317. Tomado de Moradiellos, E., *op. cit.*, pp. 139 y 140.

21. Anes, Gonzalo, *Historia económica de España. Siglos XIX y XX*, Galaxia Gutenberg, Barcelona, 1999, pp. 699 y 700.

Por otra parte, los focos turísticos crecen de manera notable y buena parte de la población desempleada opta por trasladarse a territorios donde el turismo empuja los sectores de la construcción y la hostelería, emigrando sobre todo del interior a zonas costeras. Un nuevo repunte marca los últimos años de la década (68, 69 y 70), donde parecen agotadas las oportunidades en nuestro país y se busca de nuevo la salida al extranjero.

EMIGRACIÓN ASISTIDA DE LOS AÑOS SESENTA A LA CRISIS ENERGÉTICA
Años sombreados para marcar las etapas.

Año	Personas
1960	19.610
1961	59.197
1962	64.794
1963	82.889
1964	101.782
1965	74.282
1966	56.706
1967	25.780
1968	66.643
1969	100.748
1970	97.446
1971	113.385
1972	103.949
1973	95.911
1974	50.536
TOTAL	1.113.658

(Datos: Informe IEE, 1976).

En Andalucía la década de los sesenta es el momento de mayor éxodo, de forma que la mayor pérdida de población en casi todas las provincias a lo largo del siglo XX se focaliza en ese decenio, excepto en Málaga, que en esa época experimenta un gran crecimiento por el desarrollo de la Costa del Sol, y Almería y Cádiz, que encuentran sus mayores índices en las migraciones hacia América a principios de siglo, superando así las cifras de los años sesenta.

Así puede comprobarse en el siguiente cuadro, con los valores en miles de personas:

	1911-1920	1921-1930	1931-1940	1941-1950	1951-1960	1961-1970	1971-1980	1981-1990	TOTAL
Almería	-63,3	-73,5	-36,1	-54,1	-54,7	-44,9	-19	10,5	-335,1
Cádiz	37,2	-87,1	12,2	12	-18,1	- 83	-46,7	-4,9	-138,8
Córdoba	6,8	3	-3,1	-50,1	-109,4	-169,6	-89	-8,9	-420,3
Granada	-14,6	-24,1	-4,5	-61,1	-133	-147,2	-72	-12,9	-469,4
Huelva	-7,8	-8,2	-16	-16,3	-9,9	-41,7	-22,5	1,5	-120,9
Jaén	0,7	-22,4	-10,9	-77,3	-148	-178,1	-96,1	-35,5	-567,6
Málaga	-26,4	-13,3	-16,6	-10,5	-89,7	-40,3	57,8	69,9	-69,1
Sevilla	53,1	31,4	57,2	28,1	-33,8	-104,5	-60,9	29,7	0,3

Fuente: Instituto de Estadística y Cartografía de Andalucía. Tomado de *Atlas de la historia del territorio de Andalucía*, edición digital, 2009.

La economía española prospera en esta década como consecuencia de los efectos de las medidas adoptadas en años anteriores. «Comencemos por señalar que en la España económica que surge tras el Plan de Estabilización se ofrece un avance industrial que tiene una especie de triple punta de lanza capaz de arrastrar al alza a una industria de cabecera. Me refiero a la construcción de automóviles y de camiones, a los astilleros y a la industria de productos electrodomésticos[22]». Asimismo, hay otra serie de factores clave para el desarrollo de la economía, como la fuerte demanda del sector de la construcción, el músculo que representa el sector turístico y las importaciones de tecnologías procedentes de multinacionales extranjeras. Por contra, la mencionada quiebra del sistema agrícola tradicional propicia una despoblación masiva de las zonas rurales. «En conjunto, a tenor de los censos sobre población activa agraria, entre 1961 y 1974, abandonaron el campo un total de 2.721.322 personas[23]». Este panorama traslada a Andalucía una evolución que no repercute de forma notable en la mejora de la comunidad. Tan solo Málaga, importante foco turístico ya con categoría internacional, con un desarrollo que impulsa el crecimiento de la construcción y el sector servicios, mejora su economía. De forma puntual en Cádiz (astilleros) y Sevilla (industrias de bienes de consumo) se ofrecen oportunidades nuevas para quienes no se atreven a cruzar fronteras. Para que quede más claro, era tal la descompensación de Andalucía con las grandes regiones industrializadas, que en los planes que los gobiernos franquistas implementan para corregir el denominado exceso de industrialización en ciertas regiones y equilibrar el desarrollo económico territorial, se establecen Polos de Promoción (Burgos y Huelva), Polos de Desarrollo (La Coruña, Valladolid, Vigo, Sevilla y Zaragoza) y cinco áreas reciben premios de estímulos estatales (Córdoba, Granada, Logroño, Oviedo y Villagarcía de Arosa). Es decir, de las doce zonas favorecidas por las acciones reseñadas cuatro son andaluzas: un tercio.

22. Velarde Fuertes, Juan, *Cien años de economía española*, Ediciones Encuentro, Madrid, 2009, pp. 256 y 257.

23. Moradiellos, Enrique, *op. cit.*, p. 140.

Estas acciones se implantan en Andalucía a finales del decenio, cuando el flujo migratorio ya era imparable.

Uno de los motores del desarrollo económico de los sesenta fue, sin duda, la exportación de mano de obra; sale del país –aproximadamente– una décima parte de la población en disposición de trabajar, y entran las divisas. «El tercer motor de la economía española en estos años ha sido la exportación de mano de obra a Europa. Se ha calculado que las remesas de los emigrantes españoles supusieron durante algún año para el país unos ingresos dobles que la exportación de los productos cítricos[24]». La entrada de divisas es uno de los factores clave para el desarrollo económico durante el decenio de 1960. Sobre todo por la emigración exterior, que «implicó la llegada de remesas que durante la década de los sesenta alcanzó los 3.000 millones de dólares. El nivel anual a partir de 1970 se situó por encima de los 470 millones de dólares, cantidad nada despreciable, equivalente nada menos que al 25% del valor de nuestras exportaciones y al 35% del déficit comercial exterior, configurándose así en la segunda partida en importancia de ingresos tras el turismo[25]».

Asociado a la emigración como motor de desarrollo económico y ejemplo de apertura internacional, el auge del turismo tiene un punto de inflexión en 1959 cuando se realizan cambios en la política de acogida a los turistas que facilitan su llegada y, lo más interesante para la economía española, les motivan a cambiar sus divisas al llegar a España. «Se levantaron, como queda dicho, muchas trabas burocráticas, obstáculos sobre pasaportes y sobre todo las trabas para cambiar divisas

24. Tusell, Javier, «La guerra civil y el régimen de Franco», en AA.VV., *Historia de España*, Salvat, Barcelona, 1998, vol. 14, p. 2.771.

25. Mateos, Abdón y Soto, Álvaro, *op. cit.*, p. 26.

que debían sortear los turistas para cambiar sus monedas antes de 1959. Por eso no solo aumentó el número de turistas sino que [...] el volumen de divisas contabilizadas por el IEME creció exponencialmente. Fue verdaderamente impresionante la capacidad de respuesta a los incentivos nacidos de las nuevas condiciones del turismo. Nuestras costas se metamorfosearon para atender la demanda de alojamientos turísticos que masivamente ejercieron las clases obreras y la clase media europea. Fue aquel un proceso de crecimiento de habitaciones hoteleras, a borbotones y desordenado, pero de una vivacidad en la demanda desconocida en la historia del país[26]». Unos cambios que multiplican el número de turistas que llegan a España de forma extraordinaria en sólo cinco años, pasando de 2,5 millones en 1959 a 10 millones en 1964. Una potente inyección económica, focalizada en la entrada de divisas y en el desarrollo de sectores como la construcción y la hostelería.

Es decir, «los déficits crónicos de la balanza de pagos pudieron ser transformados en superávits gracias al turismo y las remesas de los emigrantes. [...] Los trabajadores españoles en Europa Occidental remitieron en 1966 cerca de 346 millones de dólares a su país y en 1973 las remesas alcanzaron la cifra récord de 913 millones[27]».

Esta radiografía de la década expone claramente las fluctuaciones en la migración de trabajadores españoles hacia Europa, demostrando que a partir de mediados de los años sesenta ya no están tan condicionadas por la situación económica de España, sino por las circunstancias económicas de los países

26. Anes, Gonzalo, *op. cit.*, p. 696.

27. Benz, Wolfgang y Graml, Hermann, *El Siglo XX. Europa después de la Segunda Guerra Mundial, 1945-1982*, tomo 2, Siglo XXI de España Editores S.A., Madrid, 1986, p. 359.

receptores. Así sucede con las dos últimas oleadas que se detectan en el período que es objeto de este trabajo. El repunte de finales de los sesenta y principios de los setenta se corresponde con una etapa de gran crecimiento económico en los países de destino, gracias al auge de las tecnológicas, las industrias químicas y el sector del automóvil, principalmente. La creciente demanda de vehículos multiplica las ventas de coches franceses y alemanes; químicas como la BASF, Bayer, Hoechst y Agfa, prosiguen su crecimiento; tecnológicas como Philips y Grundig ven cómo su producción se dispara por la incesante demanda de electrodomésticos: la tendencia consumista de los «felices años sesenta». Por el contrario, la crisis energética desencadenada a partir de 1973 tiene como consecuencia el descenso en las salidas de trabajadores y, sobre todo, un gran número de retornos; circunstancia que marca toda la década. Podemos afirmar que se inicia el declive definitivo de esta etapa y el fenómeno de la emigración languidece.

EL PRINCIPIO DEL FIN

La extraordinaria crisis energética afectó a los principales países europeos, que comenzaron a recortar, incluso a suprimir las ayudas y mecanismos administrativos que agilizaban la contratación de trabajadores extranjeros. En Alemania, desde finales de 1973 comienzan las restricciones y se opta por priorizar los puestos de trabajo para alemanes antes que para extranjeros, además de por la no renovación de los contratos, que en numerosos casos para los emigrantes solía ser por un año que se iba prorrogando constantemente. En Francia, en el verano de 1974, se cierra el grifo de la emigración, excepto para los temporeros de la agricultura. Y otros países, como Suiza, optan por endurecer las condiciones para entrar en el país a los trabajadores extranjeros. Se acaba así con el continuo auge de las salidas de trabajadores y los números de la emigración van descendiendo durante los años setenta, dándose por terminado el «fenómeno de la emigración española» al comenzar la década de los ochenta.

Quienes retornan obligados por las consecuencias de la crisis energética se encuentran con un país que inicia algunos cambios políticos y sociales, auspiciados por el denominado «espíritu del 12 de febrero[28]». Unos cambios que afectan al aperturismo (se plantea eliminar casi por completo la censura en la prensa y se relaja en otros frentes, dando pie al destape, por ejemplo) y a las libertades políticas (se permite cierta tolerancia con grupos, asociaciones, sindicatos y partidos políticos). Estos indicios reformistas no fueron sólidos y estables, ya que desaparecían en favor de la represión al más mínimo atisbo de oposición o conflicto, como revueltas obreras o atentados de ETA.

El –aparente– aperturismo de la sociedad española durante los sesenta no era tal, si profundizamos en el pensamiento de sus dirigentes políticos. Poco antes de su muerte (asesinado por la banda terrorista ETA en 1973), el presidente del gobierno Luis Carrero Blanco manifiesta su inquietud por la educación, el profesorado y su idea de masculinidad:

> Se trata de formar hombres, no maricas, y esos melenudos trepidantes que algunas veces se ven no sirven ni con mucho a este fin. […] Hay que borrar de los cuadros del profesorado de

28. Carlos Arias Navarro, tras suceder a Carrero Blanco en la presidencia del Gobierno, presenta ante las Cortes en la sesión del 12 de febrero de 1974 su programa político, con algunas reformas y cambios sobre las políticas anteriores que pueden considerarse un intento reformista y aperturista.

> la Enseñanza General Básica y de la Universidad a todos los enemigos del régimen y hay que separar de la Universidad a todos los alumnos que son instrumento de subversión[29].

Esas palabras nos aproximan a la idea de país que se estaba forjando en aquellos años. Un panorama interesante para comparar con el cambio social y cultural que experimentan los emigrantes y que podemos ver reflejado en sus fotografías. En muchos casos vemos el típico posado, un retrato para enviar a la familia, en el que el emigrante aparece con traje, corbata y pelo corto. Poco después vemos a esas mismas personas con melena, jersey de cuello vuelto, chaquetas de llamativos colores y pantalones de campana. Es decir, la rigidez de la apariencia física que se imponía en España se convierte en libertad al traspasar las fronteras.

Tras la muerte del dictador, el retorno siguió teniendo motivaciones económicas y personales, no tanto políticas. La posible atracción para regresar a España no estaba protagonizada por el cambio político ni por unas condiciones económicas similares a las de los países europeos. La inestabilidad reinaba tanto en el terreno político como en el económico y el panorama no era propicio para alentar el retorno. Sí pesaron la recesión económica en los países de destino, que se prolongó durante todo el decenio, así como las motivaciones personales: nostalgia y desarraigo, problemas de adaptación de los hijos o, simplemente, haber conseguido el suficiente dinero para regresar.

Al iniciarse la nueva década, la emigración hacia Europa ya no puede calificarse de fenómeno. Ni las cifras de emigrados ni las de retornados son las de años anteriores. La situación se

29. Tusell, Javier, *Carrero. La eminencia gris del régimen de Franco*, Temas de Hoy, Madrid, 1993, p. 431.

estanca y podemos afirmar que este fenómeno se difumina, condicionado por las circunstancias económicas, la nueva realidad geopolítica y una sociedad que dista mucho de parecerse a aquellos «felices años sesenta». La prueba de ello es que el IEE va perdiendo peso y funciones en el organigrama político de los sucesivos gobiernos, siendo integrado por el Ministerio de Trabajo y convirtiéndose en un departamento más, sin autonomía propia.

Las políticas económicas surgidas tras la II Guerra Mundial en Europa (y su repercusión en España) abren el ciclo de estos movimientos migratorios y la denominada crisis del petróleo lo cierra. De ahí que hayamos acotado el campo de estudio a los decenios de 1950, 1960 y 1970.

EL INSTITUTO ESPAÑOL DE EMIGRACIÓN

Tras esbozar el panorama político y económico de este periodo, es necesario exponer con más detalle una de las claves del desarrollo de los movimientos migratorios: la creación del Instituto Español de Emigración (IEE).

El intervencionismo, uno de los ejes de implantación del Régimen, no iba a dejar pasar el control sobre el fenómeno de la emigración, dejando libertad a los que quisieran irse o permitiendo el absoluto liderazgo exterior. Una vez detectado el elevado número de trabajadores que cruzaban la frontera con Francia para trabajar en países europeos, el gobierno español mueve ficha y crea un organismo destinado a canalizar ese flujo de mano de obra, lo que oficialmente se denomina «emigración asistida». Asimismo, este organismo velará porque la emigración se haga conforme a los valores del Régimen, incluyendo en ocasiones la formación religiosa y las directrices de la Sección Femenina de Falange. Mediante la Ley de 17 de julio de 1956 se crea el Instituto Español de Emigración (IEE), que dependía del Subsecretario de la Presidencia (Luis Carrero Blanco, en aquellas fechas) y que en 1958 pasó a depender del Ministerio de Trabajo, aunque su funcionamiento mantuvo una autonomía de gestión propia hasta 1985, cuando se convierte en una Dirección General de este ministerio y pasa a tener un control más funcionarial.

La puesta en marcha de acciones concretas para controlar la emigración es inmediata, como así lo prueba, pocos meses después, la firma del primer convenio con un gobierno europeo. El 28 de noviembre de 1956 se firma el Acuerdo Hispano-Belga de Emigración y comienza a tutelarse un movimiento que desde 1945 había llevado a los españoles a trabajar a las minas valonas. A la finalización de la II Guerra Mundial, Bélgica inició un proceso de reconstrucción basado en una alta producción energética, lo que se denominó la «batalla del carbón». Con la firma del acuerdo fueron muchos los españoles que emigraron para trabajar en esas minas, sobre todo andaluces de la cuenca minera de Huelva o de Peñarroya-Pueblonuevo. Pero también campesinos o albañiles que veían en el viaje a Bélgica una nueva oportunidad de vida. En años posteriores el trabajo se extiende a otros sectores, como las canteras, la industria pesada, la metalurgia, la construcción y –para las mujeres– el servicio doméstico. Este fue el primer convenio firmado, siendo la emigración a Bélgica la primera en ser tutelada por el Régimen. De tal modo que las cifras oficiales hablan de 100.000 españoles emigrados a Bélgica entre 1956 y 1965.

Posteriormente llegaron otros acuerdos como el convenio con la República Federal de Alemania, firmado el 29 de marzo de 1960, que se enmarca dentro de los acuerdos que la RFA firmó con otros países, como Italia, Grecia, Portugal y

Turquía. También se rubricaron acuerdos con Suiza, Francia y Holanda en 1961.

La confirmación oficial de estos acuerdos se concretaba, al menos sobre el papel, en una regularización sobre cuestiones laborales y sociales favorables a los trabajadores. Así queda reflejado en el BOE de 28 de febrero de 1961, según el articulado del convenio hispano-francés de emigración entre el IEE y su entidad homóloga francesa, el Office National d'Inmigration (ONI):

> Los españoles cruzarían los Pirineos siendo portadores de un contrato de trabajo y con la garantía, estipulada explícitamente en el articulado del convenio, de que los salarios y demás condiciones de trabajo habrían de ser iguales a los de los trabajadores franceses. Para facilitar los procesos, la administración francesa se hacía cargo de los gastos de control sanitario y en algunos casos del transporte de los emigrantes. También facilitaba, en coherencia con su política de inmigración, el reagrupamiento familiar en suelo francés, asumiendo los costes del traslado de la esposa e hijos menores y facilitando la integración de éstos en el sistema público de formación profesional. El acuerdo, finalmente, estipulaba que la entrada y estancia en el Hexágono tendrá efecto «sin perjuicio de las prescripciones [...] concernientes al mantenimiento del orden público, la seguridad del Estado y la salud pública»; es decir, también recogía la idea de la emigración como un asunto de orden público[30].

30. Tomado de Babiano, José y Farré, Sebastián, «La emigración española a Europa durante los años sesenta: Francia y Suiza como países de acogida», en *Historia Social*, nº 42 (2002), p. 88.

Estas circunstancias no siempre fueron tan favorables en otros países. En Suiza las condiciones fijadas para la estancia y residencia de los emigrantes eran bastante férreas y se establecían tres tipos de permisos:

–Permiso de tipo A. Permiso temporal para estancias de nueve meses como máximo. Servía para quienes llegaban para cubrir la temporada alta en servicios de hostelería o en épocas de gran demanda laboral en la construcción.
–Permiso de tipo B. Estancia limitada a un año.
–Permiso de tipo C. Permiso ilimitado; solo se conseguía tras diez años de estancia en el país y, en ocasiones muy puntuales, bastaba con cinco años de residencia en Suiza.

A estas condiciones se sumaban otra serie de controles como la dificultad para conseguir el reagrupamiento familiar (los poseedores de un permiso A y B no podían traer a su familia hasta pasados unos años) y el control de los trabajadores, tanto en su movilidad como en el cambio de trabajo, teniendo que informar en ambos casos para pedir un permiso que les aprobase el cambio de cantón o el cambio de profesión.

Además de la selección de los trabajadores, los trámites administrativos para su salida y la organización del viaje, coordinada por funcionarios del IEE, la emigración asistida contaba con otras acciones como la formación básica en idiomas y costumbres de los países de destino y asistencia religiosa y moral. No era lo habitual, pero se dieron casos en los que los trabajadores, para ser seleccionados por el IEE y salir de España, tenían que realizar unos cursillos donde las clases de religión y moral tenían tanto valor como las de alemán. Así sucedía en Sevilla en 1965:

A las once y media de la mañana en el salón de actos de la Escuela Sindical, se celebró el acto de clausura del XVIII cursillo para la peregrinación y ambientación de emigrantes, en el que han participado cincuenta productores de Alcalá del Río y poblados de Esquivel y San Ignacio del Viar.

Durante dos semanas los cursillistas han recibido clases de religión y de moral, a cargo del R. P. don José Ramón García, y de alemán, a cargo del profesor Humberto Paulo Spil.

Presidió el acto de clausura el secretario general del Instituto Español de Emigración, don José Serrano Carvajal, en unión de don Miguel Rodríguez Piñero, catedrático de Derecho del Trabajo de la Universidad de Sevilla, don Mariano Sánchez Pobre, delegado del IEE, don Juan Reig, del Instituto Nacional (sic) de Emigración y cuadro de profesores.

Dio comienzo el acto con unas palabras del señor Reig, quien expuso la labor desarrollada durante el curso. A continuación habló el señor Sánchez Pobre, que trató sobre la modalidad de preparación y ambientación de este cursillo, cerrando el acto el secretario general, señor Serrano Carvajal, quien pronunció unas palabras de simpatía y cariño hacia los emigrantes por el éxito alcanzado en este cursillo, informándoles ampliamente sobre el problema emigratorio en el extranjero.

Después se procedió a la entrega de títulos, sirviéndose a continuación un vino de honor.

La comisión alemana llegará a Sevilla en los próximos días para ultimar la partida de los cursillistas, quienes se incorporarán a sus nuevos destinos dentro de la decena del presente mes[31].

31. *ABC* de Sevilla, 2/06/1965, p. 39 // http://hemeroteca.sevilla.abc.es

El viaje más habitual de la emigración asistida era en tren partiendo de Madrid, donde confluían expediciones desde otras ciudades. En el caso de Andalucía el trayecto más frecuente era Cádiz-Sevilla-Córdoba-Madrid, para cruzar la frontera por el paso Irún-Hendaya hasta París, lugar desde donde se repartían a Bélgica, Holanda, Alemania, Suiza, incluso Luxemburgo. El IEE concertaba la llegada con las autoridades del país de destino y se designaba una ciudad desde la que se distribuían los trabajadores a las distintas poblaciones donde se encontraba su puesto de trabajo. París, Bruselas, Colonia y Ginebra fueron los nudos de distribución más habituales.

LA EMIGRACIÓN IRREGULAR

Las salidas irregulares de España para buscar trabajo en Europa comienzan casi desde la finalización de la II Guerra Mundial. Una vez desaparecida la negra sombra del nazismo, se mira a Europa como tierra de libertad. Muchos son quienes cruzan los Pirineos huyendo de la represión en España, un exilio que encuentra en Francia la mayor acogida en Europa. Paralelamente a este exilio se producen salidas de personas que buscan una oportunidad laboral fuera de nuestras fronteras, huyendo de la miseria. Francia crea en 1945 la Office National d'Inmigration (Oficina Nacional de Inmigración, ONI) para acoger mano de obra extranjera, pues sus dirigentes, con el propio De Gaulle a la cabeza, ven conveniente incorporar emigrantes como mano de obra para la reconstrucción del país y poder compensar así el déficit demográfico tras la guerra, además de ofrecer la regularización a quienes se decidan a emigrar. También Bélgica se convierte en un territorio atractivo que ofrece posibilidades a los trabajadores extranjeros, como se ha mencionado, sobre todo en el sector del carbón. Estos dos países se convierten en destino de aquellos españoles que se deciden a cruzar la frontera sin registrar su salida como emigrantes.

Tanto los exiliados como aquellos pioneros de la emigración a Europa sirven de punta de lanza para futuros emigrantes, bien por el efecto llamada, bien por el deseo de emular a quienes habían escapado de la España del hambre. Los horizontes se amplían y el milagro alemán se convierte en un nuevo reclamo, junto a Suiza, donde la entrada de trabajadores italianos no es tan numerosa como al inicio de los cincuenta, dejando hueco a otras nacionalidades. La movilidad de los trabajadores españoles por Europa es imparable y a pesar de la entrada en funcionamiento del IEE, instaurando la emigración asistida, gran parte de los emigrantes salen del país por su cuenta y acuden a zonas donde saben que la mano de obra extranjera es bienvenida. Las autoridades españolas detectan esta situación irregular y comienzan a dar parte de ello; baste citar que el agregado laboral de la embajada española en París anota en un informe que unos 4.000 españoles acuden de forma irregular a la vendimia francesa en 1957. Sabedores de que buena parte de los emigrantes están escapando a su control, se amplían los acuerdos con otros países, circunstancia que no servirá de freno a las salidas irregulares.

Con pasaporte y visado de turista, aprovechando las ventajas de la reagrupación familiar o sufriendo grandes dificultades para cruzar las fronteras, saltándose los controles aduaneros, cientos de miles de españoles se convirtieron en emigrantes irregulares en busca de trabajo. Emigrantes que no se apoyaban en los canales establecidos por el régimen y, lo más importante de todo, no disponían de un contrato al llegar a su destino. A veces esto no suponía ningún obstáculo, como sucedía en Suiza, donde –incluso– podemos decir que se fomenta la emigración irregular, instalando el gobierno helvético una oficina de reclutamiento de trabajadores (Service de Placements de Travailleurs Espagnols) junto a la estación de trenes de Ginebra, para facilitar la contratación a quienes llegaban como si fuesen turistas, además de ofrecerles billetes de tren para otros destinos en diversas zonas del país. También en Alemania se facilitaba la incorporación de irregulares que llegaban a las fábricas germanas pidiendo trabajo sin un contacto previo o con el simple aval de un conocido que ya estaba trabajando en la empresa.

El efecto llamada, la reagrupación familiar, la salida ilegal, las facilidades en los países de destino para incorporar trabajadores y otras muchas circunstancias, alimentan un constante flujo de emigración irregular, de tal modo que los españoles crean sus propias redes de transportes y contactos en el extranjero para facilitar la llegada de más trabajadores: traductores, personas que ofrecían trabajo y otras que ayudaban a «conseguir papeles» formaban parte de estas redes al margen de la emigración asistida.

Arribar a un país extranjero en esas condiciones suponía permanecer un tiempo en la clandestinidad, un periodo que no se prolongaba en exceso pues, como se cita anteriormente, la regularización y la concesión de permisos de residencia no eran obstáculos imposibles de superar. Es fácil admitir, por tanto, que la emigración irregular se mantiene activa durante todo el período, pudiendo afirmar que iguala (algunos historiadores consideran que supera levemente) las cifras de la emigración asistida.

Por el contrario, además de la dificultad para salir de España, la emigración no asistida planteaba algunas importantes dificultades laborales: como la de tener que encadenar constantemente contratos temporales de breve duración y la de verse abocados a trabajar en sectores tradicionales como la agricultura y la construcción, para los hombres, y el servicio doméstico y la limpieza, para las mujeres.

A través del IEE o por cauces irregulares, la llegada de españoles a los países de destino fructificó, en la gran mayoría de los casos, en la consecución de un trabajo estable, la obtención de unos ingresos muy superiores a los que habían tenido en España y la incorporación a unas formas de vida, hábitos y costumbres que antes les estaban vetados. Uno de esos nuevos hábitos fue la compra de bienes de consumo, entre los que triunfaban los electrodomésticos (televisores, frigoríficos y lavadoras) y las cámaras fotográficas. El acceso masivo a la propiedad de cámaras de fotos va a permitir registrar en imágenes la vida de los emigrantes y, por tanto, la historia de la emigración. Vamos a verlo.

DE VIAJE

La primera acción, la que iniciaba el proceso migratorio, no era el viaje en sí, era la determinación a salir del país. Esa decisión, convertida en punto de inflexión para –quizá– toda la vida, implicaba los preparativos previos, la despedida y el traslado en diversos medios de transporte hacia un punto de salida que les llevaría fuera de nuestras fronteras. La gran masa de población rural se desplazaba hacia la capital de su provincia y de allí, generalmente en tren, hacia Madrid u otra gran ciudad como paso previo al exterior. El viaje no era sólo un desplazamiento territorial, era un tránsito personal, una elección de vida que perseguía un futuro mejor e implicaba el abandono de lo único conocido hasta ese momento. Esas circunstancias, dramáticas para gran parte de los protagonistas, se representan fundamentalmente en la despedida, el hecho crucial, representación en imágenes de la decisión vital, el abandono del hogar y el inicio de la aventura.

Los viajes de la emigración asistida cuentan con algunos (muy pocos) testimonios gráficos que se realizaban en las estaciones de salida, fotos habitualmente tomadas por periodistas o técnicos del IEE. Y en las salidas irregulares, obviamente, no había nada que retratar. En los primeros años de aquel fenómeno migratorio son muy escasas las imágenes que captan esos momentos desde el punto de vista de sus protagonistas, aunque alguna se ha podido rescatar gracias a este trabajo. Sí abundan las fotografías realizadas por los propios emigrantes a partir de los años setenta, cuando las cámaras de fotos destinadas al mercado familiar se popularizan y su coste facilita la adquisición por clases sociales que antes no podían permitírselo. De ellas trata este capítulo, además de otras imágenes que plasman también los diversos retornos (estacionales y definitivos) y muestran las excursiones y viajes turísticos que realizaban en el país donde residían, pues viajar se convierte en una constante en la vida del emigrante.

El viaje como inicio de la aventura[32], mostrando las expectativas, los nervios, las ganas de llegar o la incertidumbre. El viaje como punto de partida de una nueva vida. El viaje como muestra del poder adquisitivo: del que se iba en un tren con una maleta de cartón atada con cuerdas, al que volvía en un vuelo regular de Iberia, Lufthansa o Air France. El viaje como forma de integración; certificación de estar asentados en un nuevo país que recorrían y disfrutaban para conocer sus ciudades y monumentos más icónicos. Todas esas formas de viajar forman parte del álbum fotográfico de los emigrantes.

En casi todos los casos, la primera imagen del viaje es la de la despedida: el grupo familiar, los amigos del barrio, las calles del pueblo, la casa de toda la vida. Un recuerdo del que se marcha, junto a los que se quedan. Ahí empieza todo.

Esas fotos son el inicio del álbum (de un diario narrado en imágenes) de la mayoría de emigrantes. Quienes pudieron conseguir una imagen que representaba la despedida antes de partir, la conservan como el primer paso, porque implica dejar atrás todo lo que habían vivido hasta tomar la decisión y dar inicio a una nueva etapa en sus vidas. La mayoría son fotos de grupo, en dos ambientes: familia y amigos. Las de familia más solemnes, más serias, más rígidas. Las que se hacían junto a

32. Entendiendo la aventura no como un episodio atrevido y lúdico, como una de esas empresas arriesgadas que muestran los libros de aventuras, sino como un hecho en el que priman otras connotaciones como la incertidumbre, el riesgo, el miedo y el peligro.

los amigos y compañeros de trabajo presentan una composición completamente diferente. Fotos informales, llenas de naturalidad, de gestos cotidianos. Grupos que miran a cámara de forma desinhibida, sonrientes, brindando o bebiendo, cuerpos entrelazados por los brazos en una composición similar a un equipo de fútbol antes de iniciarse el partido, hombres y mujeres compartiendo imagen en un encuadre que no responde a ningún patrón: tan solo había que salir en la foto. Así vemos a Antonia, riendo con sus amigas. Rafael aparece sentado en un bar, junto a su novia, mientras su primo «Antoñín» le sirve un medio de vino. Manuel posa en el bar del pueblo junto a sus antiguos compañeros de faenas agrícolas; la foto es de pie, junto a la barra, y aparece el camarero, uno más del grupo.

En oposición a esas imágenes, las despedidas familiares tienen un formato de posado y un cierto aire de tristeza. La típica es la del emigrante junto a los padres, en medio de los dos, pasando los brazos por encima de cada uno de sus progenitores en gesto paternal, de consuelo a quienes van a verse separados de su hijo por miles de kilómetros. Los padres suelen presentar un gesto serio, mientras los hijos miran a cámara con gesto más amable. También aparecen otros familiares: hermanos, primos y sobrinos; niños y bebés sostenidos en brazos y besados por el protagonista de la foto. Generalmente, la representación se realiza en la sala de estar, pero otras veces, sobre todo en poblaciones rurales, la imagen se retrata en la puerta de la casa; toda una simbología de la despedida.

NOS VAMOS

La mayoría de los viajes se iniciaban en un andén. En el caso de la emigración asistida, desde una estación de provincias desde la que viajaban hasta Madrid, para emprender una marcha en grupo hacia la ciudad que las autoridades habían concertado según el convenio con cada país. Una ciudad nodriza desde donde eran distribuidos a la localidad donde se ubicaba su puesto de trabajo. No era lo habitual hacer fotografías de ese primer viaje, pues quien ataba con una cuerda su maleta de cartón para trasladarse a miles de kilómetros de distancia en busca de la supervivencia no disponía –obviamente– de cámara de fotos. La práctica totalidad de emigrantes carecía de ella en ese momento, un objeto de lujo en la España de los años cincuenta y primeros sesenta, que luego se convertiría en compañera habitual. Por tanto, las escasas imágenes que se conservan de aquellos pioneros éxodos proceden de los funcionarios que coordinaban el viaje y tomaban fotografías como testimonio gráfico del mismo y de los periodistas que acudían a inmortalizar la partida de estos trenes para realizar la crónica en la prensa local. Esas fuentes (aunque han sido consultadas) no pertenecen al grupo de estudio, pues no representan el testimonio de primera mano de los emigrantes, las fotografías tomadas por ellos, pero sirven para documentar el hecho primigenio, el punto de partida del relato.

Esas fotografías muestran grupos de personas ocupando los andenes, rodeados de maletas y bultos, hatillos y alimentos para los –varios– días de viaje. Maletas que pasan de unas manos a otras por la ventanilla del tren en la estación de Córdoba. Tumultos para subir al vagón en la parada de Linares-Baeza. Manos entrelazadas que alargaban las despedidas mientras el tren arranca en la estación de San Bernardo, en Sevilla. Trenes generalmente divididos en departamentos para seis personas, enfrentadas tres a tres en asientos corridos de madera o tapizados de escay. Trenes en los que algunos viajaban en los pasillos, pues solo tenían dinero para comprar medio billete, que daba derecho a subir al tren pero no a sentarse. Trenes que tardaban tres días en llegar a Suiza.

Una vez superaba todos los trámites previos, el momento de la verdad para el emigrante era el de embarcarse en un viaje que le iba a llevar a otro país. Tierras lejanas y, por lo general, sobre todo en el caso de los andaluces, un paisaje y una climatología muy diferentes de aquellos que habían formado parte de su vida. Pero no era ese el mayor hándicap: un idioma que no conocían y una cultura alejada de los cánones impuestos en España iban a suponer la mayor barrera, a veces, imposible de superar. Si pensamos en la sociedad española de aquellos años, en que la mayoría de emigrantes no habían salido jamás de su localidad, no poseían estudios ni formación más allá de la escuela más básica y no tenían conocimientos sobre los países a los que iban, hay que reconocer esas migraciones como una aventura extraordinaria: el viaje hacia el *Nuevo Mundo*.

Uno de los primeros testimonios gráficos de aquellos viajes organizados lo aporta Ángela Benítez. Se trata de una imagen colectiva en la que se ve a un grupo de hombres almorzando, sentados en varias mesas. Entre esos hombres se encuentran el padre de Ángela, Domingo, y su hermano, que forman parte de la expedición. La mayoría de los hombres van en mangas de camisa, aunque unos pocos llevan chaqueta. Mangas cortas o remangadas y ventanas abiertas para refrescar el ambiente. Casi todos comen, ajenos al fotógrafo, aunque algunos miran a cámara. Los rostros están relajados, pero en alguna mirada se vislumbra la incertidumbre de quien se dirige hacia un lugar extraño. En ese momento, una comida concertada y pagada por el IEE, los trabajadores andaluces se mezclan con los de otras regiones y juntos emprenderán el viaje hasta Alemania.

Se trata de un documento de gran valor, no solo por la escasez de fotografías de aquellos primeros viajes concertados, sino también porque lo habitual era inmortalizar la salida en las estaciones: los grupos esperando en el andén, los bultos y maletas acumulados, las caras y manos que asoman por las ventanillas para la última despedida. Sin embargo, ahora comprobamos un paso más, un acto que resultaba decisivo en aquellos viajes, la parada en Madrid y la unión de los grupos procedentes de diversas provincias de toda España.

Ese peregrinar, sumando nuevos integrantes al convoy que partía hacia el extranjero, se prolongaba de forma exagerada en épocas en las que la demanda de trabajadores aumentaba o no se disponía de recursos suficientes para canalizar las salidas con los transportes debidos. Así, en 1972, tenemos noticias de salidas desde las capitales andaluzas en autobús hasta Madrid, para posteriormente tomar un tren que efectuaba numerosas paradas en diversas localidades, recogiendo a otros trabajadores convocados por el IEE. Lo recuerda Elena, que partió de Córdoba hacia Suiza junto a su marido, José, ambos con un contrato para trabajar en un establecimiento hotelero: «Nos citaron a todos en la Ribera, junto a la Puerta del Puente, por la mañana. Subimos a un autocar y viajamos hasta Madrid. En Madrid subimos a un tren que nos llevó a Santander y allí hicimos la primera parada. El tren hacía el recorrido hasta Irún por toda la cornisa cantábrica y fue haciendo paradas constantemente para que subieran más personas que iban en la expedición. Al salir de Irún subimos a un tren francés, coordinados por alguien del IEE y el revisor español, que hizo el viaje con nosotros. Cruzamos Francia y llegamos a Ginebra al día siguiente por la noche. Fue un viaje muy duro». Unas 36 horas de viaje ininterrumpido, con paradas pero sin descansos. Eran los setenta y las comunicaciones habían mejorado, pero no siempre para los emigrantes.

LOS PROTOCOLOS DE SALIDA

Había dos formas de emigrar y, por tanto, dos formas de hacer el viaje. Una era la oficial, con un desplazamiento coordinado por el Instituto Español de Emigración (IEE). La otra, por cuenta propia, bien por la conexión con algún familiar, amigo o conocido que ya trabajaba en el extranjero, en cuyo caso el viaje «de visita» se convertía en una estancia estable en el país de destino, o arreglándoselas como pudieran para viajar al extranjero y allí intentar conseguir un trabajo. Una vez constituido el IEE y establecidos los convenios de colaboración con la mayoría de los países de destino, la emigración asistida se fue asentando con unos protocolos definidos para organizar la salida a través de conductos oficiales.

Manuel Mesa, sevillano, estaba en paro cuando decidió pasar por la sede que el IEE tenía en la Plaza de España. Allí, gracias a las gestiones de un compañero de la mili, consiguió superar los trámites y ser inscrito en uno de los cursillos de formación donde recibía unas nociones básicas sobre el idioma y las costumbres alemanas. Lo hacía en una casa de la calle Vidrio y tenía derecho a comida y una paga de 300 pesetas a la semana. Al finalizar el curso, los solicitantes tenían que pasar una inspección médica; si eran declarados aptos por los médicos alemanes, firmaban el contrato de trabajo.

Poco después, Manuel estaba en la estación de San Bernardo, a punto de partir en un viaje que le conduciría hasta Harsewinkel, en Alemania, donde se incorporaría a la fábrica CLAAS, una planta entre cuya ingente nómina de trabajadores llegaron a estar 1.500 españoles. En el momento de emprender la partida se mezclaba la incertidumbre con las ganas de trabajar y lo que más recuerda es la incomodidad de aquel viaje: «el tren con la locomotora de carbón y su traqueteo, los parones en diversas ciudades para que subieran más emigrantes, añadiendo más vagones al convoy (500 emigrantes distribuidos en 12 vagones, recuerda) y las doce horas consecutivas hasta llegar a Alemania».

Otras veces, los trámites se agilizaban. Así sucedía cuando el trabajador era reclamado desde el extranjero para ocupar un puesto de trabajo. Rafael (conocido en Alemania como «El Córdoba») había decidido casarse y su idea era formar una familia. Las condiciones de trabajo en su pueblo, Espejo, una pequeña localidad de la campiña de Córdoba situada a poco más de treinta kilómetros al sur de la capital, no le ofrecían garantías de estabilidad económica. Mediada la década de los sesenta, los trabajadores agrícolas andaluces no tenían asegurado ni un sueldo digno para vivir, ni una continuidad en el trabajo. Su hermano José había emigrado a Frankfurt y un compañero le avisó de que había demanda de trabajadores en la Farbwerke Hoechst AG, una enorme planta química que abastecía a la Bayer. José comunicó la propuesta a su hermano, que aceptó la oferta de inmediato. A partir de ese momento se activó un protocolo que funcionaba de la siguiente manera:

La empresa, una vez le comunicaban los datos del trabajador, informaba al IEE solicitando su incorporación. El IEE tramitaba la solicitud y enviaba una carta al trabajador donde se le indicaba fecha y hora en la que debía presentarse en la delegación cordobesa de Sanidad, dependiente por entonces del Ministerio de Gobernación, situada en la actual avenida de la República Argentina. Allí encontró a otros aspirantes y, tras la pertinente espera, pasó al reconocimiento médico individual. La primera indicación que recibió fue la de desnudarse por completo para ser examinado por los dos médicos alemanes que estaban en la sala, acompañados por dos médicos españoles, uno de los cuales hacía de intérprete. Rafael recuerda que «el reconocimiento médico era exhaustivo y los alemanes querían descartar cualquier enfermedad que dificultase el rendimiento del trabajador o que pudieran contagiar, sobre todo la tuberculosis. Pero el trato fue correcto, incluso bueno en mi caso, en ningún momento vejatorio. Nos desnudamos solo cuando cada uno pasaba a la sala. No estábamos todos desnudos esperando turno, como se ha contado otras veces». Al finalizar, le avisaron de que ya le llegaría una notificación. «Pocos días después, una semana o diez días, me llegó una carta diciendo que era apto y que me presentase en la estación de Córdoba. Me indicaban el día y la hora concreta de la salida del tren, no había más».

La mañana del 28 de abril de 1966 Rafael llega a la estación de Córdoba, donde coincide con emigrantes de otras provincias. Forman un grupo de 10 o 12 personas (no logra recordar el número exacto), coordinados por un funcionario del IEE que dirige el traslado. El tren parte hacia Madrid, donde hacen una parada de varias horas. Durante ese tiempo se van incorporando otros grupos, emigrantes procedentes de otras regiones, y todos suben al tren que parte de Madrid hacia la ciudad de Colonia, en el oeste de la República Federal Alemana. En este caso, ese era el punto de destino concertado por el IEE. El grupo de andaluces permanece unido y coordinado por una misma persona, el funcionario con el que salieron de Andalucía y que va a viajar con ellos hasta Colonia. Allí llegan el día 29 de abril, al mediodía.

Rafael recuerda que el ambiente era bueno: «En Madrid había caras de todo tipo, risueñas, con miedo, de todo... Afortunadamente, mi grupo estaba muy animado. Desde que salimos de Córdoba hablamos en todo momento de las ganas que teníamos de trabajar en Alemania, del (mucho) dinero que íbamos a ganar y de cómo imaginábamos el futuro. En el departamento íbamos cordobeses y sevillanos y no paramos de hablar. Sí había algo de incertidumbre en los que no sabían dónde iban a trabajar». Por mucho que hoy día nos parezca inconcebible, algunos de los emigrantes que se habían alistado en el IEE no conocían su destino al ser reclutados: ni la ciudad, ni el tipo de trabajo que iban a desempeñar.

Al llegar a Colonia les esperaban varias personas. Un empleado de la empresa donde iba a trabajar, con conocimientos de español, habla con el funcionario que los ha acompañado todo el viaje. Allí comprueban la documentación y el alemán reclama dos trabajadores, Rafael y uno de los compañeros de Sevilla con los que había viajado, precisamente uno de los que no conocían su destino. Se despiden del grupo y montan en una furgoneta de la fábrica que les conduce hasta Frankfurt; otras tres horas de viaje. Al llegar, son alojados en una residencia que la empresa posee justo al lado de la fábrica, «allí me esperaba un amigo de mi hermano, el que me había conseguido el trabajo, para darme la bienvenida y explicarme un poco cómo manejarme».

Estos dos relatos son un buen ejemplo del protocolo y las acciones que determinaban el viaje de quienes emigraban bajo la tutela del IEE. En el caso de Manuel, una persona que se apunta voluntaria para solicitar trabajo, el proceso es más largo, más elaborado y se incluyen acciones preparatorias como un cursillo de formación. A veces, como se cita en la introducción, el cursillo implicaba también formación religiosa obligatoria. También tutelado por el Régimen, pero con menos trámites y una gestión más ágil, se organizaba el desplazamiento de aquellos que acudían a la administración con un contrato de trabajo concertado en destino. Es el ejemplo de Rafael, que recibe instrucciones precisas mediante dos cartas y no tarda más de tres semanas en partir de su localidad natal hasta llegar a

Frankfurt. Ese modelo de tramitar el viaje denota dos cuestiones interesantes: 1) Si la contratación venía precedida por la reserva de un puesto de trabajo en destino, se aceleraba el procedimiento. 2) Si desde el extranjero se reclama a un trabajador, solo necesitaban realizar el examen médico y formalizar el contrato, no iban a perder el tiempo en demoras, cursillos de formación o adoctrinamiento religioso. Una actitud que evidencia claramente quién lideraba en este proceso.

Cuando la emigración asistida se había consolidado, el IEE permitía que las agencias de viaje organizasen los viajes desde Madrid. Antonio Castro todavía conserva en perfecto estado los billetes y el sobre de Norda S.A., la agencia de viajes que se encargó de su traslado. El billete general, con la fecha 17 de septiembre de 1968, marca origen y destino: de Madrid-Príncipe Pío a Mannheim (Alemania), especificando Vía Hendaya-Forbach. En alemán, francés y español aparece escrito: *Viaje en grupo*. Otros dos billetes complementarios informan de que se trata de un tren especial y señalan el coche 26, compartimento 1 y asiento 11 como el lugar reservado. En el sobre entregado por la agencia de viajes aparece escrito en rojo y en mayúsculas el siguiente texto: NO PERDER ENSEÑAR SOLAMENTE AL REVISOR ESPAÑOL, FRANCÉS, BELGA Y ALEMÁN. Esta información nos indica claramente el recorrido para atravesar media Europa hasta llegar a Alemania y el control establecido mediante el personal ferroviario.

Antonio, nacido en Cabra de Santo Cristo (Jaén), recuerda perfectamente su viaje: «Fuimos a Madrid en autobús, después en tren a Irún, Mannheim y Colonia. Allí se hizo el reparto de trabajadores a su destino, en mi caso a Gütersloh». Una ruta similar a la de otros muchos emigrados a Alemania. Trabajó en una fábrica de laminado de madera para mobiliario, como obrero especializado. Fue ascendiendo y los últimos años de estancia, antes de jubilarse, se le asigna la tarea de formar a nuevos empleados trabajando como monitor. De las fotos que aporta hay una muy significativa, una metáfora sobre el significado de aquel primer viaje y la repercusión que tuvo. Antonio aparece junto a su esposa en una estación de tren, han pasado media vida en Alemania, y posa con cierto aire de orgullo y alegría, ese gesto de un turista que disfruta visitando una ciudad. Pero no es solo una visita turística. Detrás de la estación asoma majestuosa la catedral de Colonia. Es el regreso al lugar donde empezó todo, a la estación donde comenzó su aventura, pero en unas circunstancias muy diferentes.

SALIDAS IRREGULARES

En el caso de que alguien cercano que ya estaba trabajando en el extranjero comunicase a un familiar, amigo o vecino la oferta de trabajo en su lugar de residencia, el emigrante podía organizar el viaje por su cuenta, siendo la manera más habitual la de justificar un «viaje de visita» para pasar unos días junto a los seres queridos y allí intentar regularizar su situación. En muchos casos, bastaba con acercarse a la fábrica o empresa donde trabajaba la persona que los había contactado, para solicitar trabajo y entregar el pasaporte con los sellos de salida y entrada, símbolo de que no se trataba de un huido. Con ese único documento los empresarios extranjeros se encargaban de gestionar todos los trámites, incluyendo contrato y permiso de residencia.

Había una tercera opción, la más irregular de todas: salir del país sin más, por cualquier medio y de cualquier forma. Una idea peregrina que motivaba un desplazamiento de miles de kilómetros, sin medios económicos y sin la certeza de conseguir el objetivo final. Lo importante era salir de España, buscar trabajo en el extranjero y conseguir un sueldo, mayor o menor, pero que (tenían la certeza) superaría el jornal al que estaban acostumbrados. Y además había una motivación mayor: al cambio se multiplicaría por muchas pesetas. La prioridad era justamente ese primer paso, salir del país dejando atrás el pueblo, la ciudad, Andalucía... Muchos fueron los andaluces que subieron al «Sevillano», el tren que atravesaba España de Sevilla a Barcelona, el medio de transporte habitual de aquellos que emigraban a Cataluña y que en estos casos era el transporte que les acercaba a los Pirineos, para intentar cruzar la frontera. Algunos lo veían como un puente, una posibilidad de salir de Andalucía e intentar «dar el salto» a Francia, bien como país de residencia, bien para acceder a países limítrofes como Bélgica y Alemania. También solían estar alentados por el efecto llamada, era lo más habitual, pero salían sin tener en el horizonte un contrato, tan solo la información de que en determinada fábrica, en determinada localidad o –simplemente– en determinado país había mucho trabajo.

El pasillo de un tren, escondidos en un departamento del nocturno Madrid-París, en autobuses de largo recorrido, haciendo autoestop, incluso ocultos entre la carga de un transportista o en la parte trasera de un coche. Mil formas de viajar en busca de un trabajo que les permitiese empezar una nueva vida en el extranjero. Quienes viajaron así y han aportado su testimonio para este estudio, rememoran múltiples combinaciones: los que viajaron del tirón, los que malvivieron por el camino, los que hicieron paradas y probaron suerte en alguna ciudad, los que se quedaron en estas localidades intermedias, los que conocieron en el trayecto a otros emigrantes que les ofrecieron probar suerte adonde iban ellos, incluso los que cayeron en redes de mafias que se dedicaban a buscar trabajos irregulares, sin contratos, y en condiciones no aptas para los trabajadores residentes. En esos casos, además, a cambio de una mordida.

Dentro de estos viajes irregulares, marcados por diversas circunstancias, parece interesante destacar el ingenio utilizado para salir de España y conseguir la reagrupación familiar. Fernando González recuerda que viajó con su hermano y su madre hasta Alemania, donde su padre trabajaba, mediante un ardid que evitó el control de las autoridades, tras no haber conseguido que les autorizasen la reagrupación familiar. «Mi padre consiguió convencer a los dueños de una tintorería para que le hicieran una especie de precontrato a mi madre y así poder reclamarla y reunirnos con él. Con ese contrato, totalmente ficticio porque no tenían ningún interés en darle el trabajo, pudimos salir de España. Al llegar, mis padres le dieron las gracias a los de la tintorería, se anuló el contrato y todos contentos».

Antonio Benjumea se fue a Francia tras contactar con un amigo que le trasladó un sencillo mensaje: aquí hay mucho trabajo. «Salí de España sin contrato y viajé hasta la Alta Saboya francesa, cerca de Suiza. Mi amigo habló de mí en una fábrica de la multinacional Evian y me contrataron. Así de fácil». Unas declaraciones que ratifican, una vez más, que el efecto llamada funcionó y que los empresarios europeos no tenían ningún problema para contratar trabajadores fuera de los convenios que habían firmado con España.

Una situación similar es la de Josefa Gil, aunque su salida no fue por el efecto llamada. «Mi hermano estaba refugiado en París. Estuvo perseguido por su vinculación con el PCE y se exponía a un consejo de guerra, así que huyó. Yo fui a visitarlo en la Navidad del 62, para hacerle compañía en esas fechas y al llegar allí decidí quedarme». Josefa lo tuvo claro, el tipo de vida que descubrió en Francia le gustó mucho más que el panorama de España. Había salido para pasar la Navidad con su hermano y de pronto se había convertido en una emigrante, una irregular en busca de trabajo. Le avisan de una vacante en una casa, para trabajar en el servicio doméstico. Casualmente se trata de un diplomático español. A pesar de su situación, no hay ningún problema en contratarla. Es más, la empadronan y queda regularizada como residente. De esa forma consigue un trabajo en una empresa de limpieza, lo que le permite obtener la Carta de Trabajo. ¡Situación arreglada!

Entre los viajes organizados al margen de los cauces oficiales destaca la labor de algunos taxistas ilegales, que transportaban a los trabajadores desde diferentes poblaciones andaluzas hasta ciudades de Francia y Alemania, con la excusa –entre otras– de visitar a familiares que ya residían en el extranjero. Ese fue el caso de Jesús Baca, que empezó trasladando a emigrantes desde su localidad, Atarfe, y las poblaciones cercanas hasta la estación de Granada y complementó su trabajo haciendo viajes hacia ciudades europeas en los que se tardaba 3 o 4 días, dependiendo de si iban a Francia o Alemania. Su sobrina, Janine Baca, afirma que en esos viajes se recogían a trabajadores de varias poblaciones, en una furgoneta con capacidad para 8 personas, pero que a veces viajaban hasta 12 emigrantes. Una prueba más de los recursos de la emigración ilegal y las dificultades para cuantificar su volumen.

También podemos ilustrar una situación difícil con la experiencia de Antonia Rodríguez, otra forma de llegar de forma irregular a un país, en este caso huyendo de otro. Trabajadora del servicio doméstico, Antonia aspiraba a una cierta independencia económica, a un sueldo digno que le permitiese trazar planes de futuro, algo que su situación en Córdoba no le permitía. Tras llegarle noticias sobre las ventajas económicas y laborales que tenían las emigrantes en Suiza, consigue un contrato para trabajar en un hotel de montaña en una zona turística, adonde viaja en 1963. Nada más llegar, su jefa le requisa el pasaporte y determina unas férreas directrices de trabajo, horarios y condiciones de residencia. En pocos días descubre que las condiciones de trabajo superan ampliamente lo acordado, tanto en las tareas a realizar como en la cantidad de horas. El sueño de la emigración se convierte en la pesadilla de la esclavitud. Trabaja sin descanso, cobrando una miseria y prácticamente recluida en el hotel sin poder salir ni comunicarse con nadie del exterior. Ante esta situación idea un plan que pone en marcha en cuanto logra un mínimo de confianza de la patrona, logrando que relaje un poco el control sobre ella. Antonia consigue remitir una carta a su casa y solicita a su hermana que le envíe un telegrama en el que escriba que su madre está muy enferma y que los médicos le dan pocos días de vida. Ante las noticias que trasladaba el telegrama y unas buenas dosis de teatralidad al explicarle a su jefa «su crítica situación», Antonia consigue un permiso de pocos días para volver a España y recupera su pasaporte. Pero no llegará a cruzar los Pirineos, se baja del tren en París, dispuesta a reiniciar su aventura. Al llegar a Francia se convierte en una ilegal. No tiene permiso de trabajo ni de residencia, tampoco visos de conseguir un contrato que pueda facilitárselo, no tiene ni un visado de turista. Alguien que partió con los papeles en regla pasa a estar en situación irregular.

En París logra contactar con algunas cordobesas que sabía estaban trabajando en la capital francesa. Amigas de amigas y familiares de vecinos, contactos cuya información tenía recabada y que había sido fundamental para trazar el plan de escape y su hoja de ruta. Porque Antonia no piensa regresar a España, concibe el regreso como un fracaso y en su cabeza, al subir al tren que la llevó a Suiza, había un objetivo muy claro: mejorar económicamente para cambiar de vida. Por tanto, no iba a permitir que las circunstancias que se encontró en Suiza truncasen el sueño, solo se trataba de un accidente en el camino. Esta anécdota sirve para constatar algunos de los rasgos de los emigrantes: la tenacidad, la constancia, la lucha, la resistencia a las condiciones adversas; gentes emprendedoras que no abandonan a las primeras de cambio. Las amigas contactadas le ayudan a conseguir un primer trabajo en una residencia y posteriormente pasa a formar parte del servicio en un céntrico edificio de París. Las fotos con sus compañeras de residencia están llenas de vitalidad y alegría. Chicas jóvenes, algunas con sus batas blancas y cofias, celebran juntas, abrazadas y brindando. Antonia está en el centro, sujetando la botella. Su gesto es de una alegría explosiva, había dejado atrás la pesadilla y el sueño de la emigración, de una nueva vida, comenzaba de nuevo. Y decimos nueva vida porque fue una etapa donde la mejoría económica vino acompañada de mejoras personales. Consiguió el permiso de residencia, aprendió el idioma hasta dominar por completo el francés y vivió en París los mejores años de su vida. A pesar de las dificultades y penurias que pasó, al igual que casi todos los entrevistados, valoró aquel esfuerzo de la misma manera: «¡mereció la pena!».

DE LA MALETA DE CARTÓN A LAS AEROLÍNEAS REGULARES

Una de las acciones más fotografiadas era el regreso estacional al lugar de origen. La vuelta a casa durante las vacaciones de verano, regresar al pueblo por la feria o la romería, la visita familiar por Navidad, regresos estacionales que eran inmortalizados desde el punto de partida, por el camino y al llegar al hogar. Imágenes que muestran un traslado temporal, pero que nos hablan de mucho más.

La última imagen antes de partir. La despedida del que regresa al extranjero tras pasar unos días con la familia. Una fotografía con el sello «Agfacolor». Una imagen plena de contrastes (llena de colores y con figuras enlutadas), nos aporta una valiosa información sobre los desplazamientos temporales. José Jurado Córdoba salió del pueblo huyendo de una situación conflictiva y se trasladó a Madrid como primer paso para cambiar de vida. La experiencia en la capital no fue satisfactoria y las noticias de prosperidad que llegaban desde Alemania le animaron a viajar al extranjero. Se estableció en Frankfurt, donde trabajó en varios oficios. José tenía claro su objetivo vital y su estilo de vida reflejaba sus prioridades. Vestir bien, lucir joyas y complementos caros, salir (alternar, como se decía en esa época) y viajar con comodidad, olvidando las penalidades de aquel primer desplazamiento que le llevó al extranjero. Todo eso puede leerse en la fotografía, tomada en el aeropuerto de Córdoba, que capta el regreso a Frankfurt, tras una estancia vacacional en el pueblo. José viste un traje de verano de color claro, con una llamativa camisa amarilla y una corbata estampada. Le acompañan su madre, en el centro de la imagen vestida de negro, y su hermano, también de luto por la reciente muerte del padre. Delante de ellos dos niños, los hijos del hermano, sus sobrinos, fruncen el ceño acosados por el potente sol del verano cordobés. José es el único que sonríe a la cámara. Su llamativo atuendo muestra que sus costumbres están alejadas de las férreas tradiciones españolas. Luce un neceser de cuero, la popular mariconera que muchos hombres llevaban como bolso de mano, y unos costosos zapatos con alzas para paliar su escasa estatura. Pero lo más significativo es que un trabajador expatriado, una persona que proviene de un humilde pueblo, acostumbrados como estamos a la figura del emigrante que vive con restricciones para ahorrar el máximo posible, utilice dos aviones para volver a su lugar de trabajo. En la foto vemos asomar la cola del Fokker F-27, el aparato de la compañía Aviaco que cubría la línea Málaga-Córdoba-Madrid, una ruta estable desde 1969 hasta 1980 que era utilizada por hombres de negocios, familias pudientes y turistas de alto poder adquisitivo. De Córdoba a Madrid en avión, para después tomar un vuelo de Lufthansa de Madrid a Frankfurt. Estaba claro: José tenía una economía sólida y no estaba dispuesto a pasar necesidades de nuevo.

Este tipo de emigrante no es el que nos han vendido en los libros de historia, el humilde, el sacrificado, el modesto. Pero no es inusual. Así lo demuestran muchas de las fotografías analizadas. Aquellas que muestran el regreso a España en un Volkswagen último modelo o en un elegante *Tiburón* (Citroën DS). Coches cargados hasta arriba con regalos para repartir en casa, como vemos en algunas fotografías. También hay quien se fue en el pasillo de un vagón de tercera y realizaba las visitas viajando en un tren nocturno en coche cama, medio de transporte utilizado por algunos emigrantes para el trayecto París-Madrid en los setenta. Esa parte de la emigración, no tan publicada y alejada del tópico, es parte también del fenómeno y refleja el cambio de mentalidad de quien se fue con apuros y había conseguido prosperar. De ello hay abundantes testimonios gráficos: «¡Había que retratarlo!».

El viaje entre el país de destino y España se realizaba periódicamente, en un tránsito que evoluciona de forma muy diferente desde la primera salida hasta el regreso definitivo, en caso de haberlo. De aquellas primeras salidas en los viajes colectivos organizados, con fotografías de andenes llenos de gente, y las irregulares, que a pesar de no conservarse testimonio gráfico alguno imaginamos colmadas de dificultades, se pasa a los retornos estacionales en verano y Navidad para visitar a los familiares que permanecían en España. Desplazamientos en vehículos cargados de regalos, en trenes viajando en calidad de turistas y, los más pudientes, en aviones de líneas regulares de grandes compañías europeas. Todas esas maneras de viajar se pueden ver en las fotografías tomadas para inmortalizar el tránsito entre países, entre dos mundos: el español y la Europa Occidental. El interés por fotografiar ese tránsito es común a todos y los lleva incluso a parar el coche en una carretera rodeada de nieve en los Pirineos para hacer una fotografía, como hizo la familia Benítez, inmortalizando su regreso con el Volkswagen recién adquirido.

EL RETORNO

Finalizar la estancia en el extranjero no era una decisión fácil. Conseguir el objetivo que había motivado la migración (ahorrar la suficiente cantidad de dinero para poder empezar una nueva vida en España), no adaptarse tras varios años intentándolo, las crisis económicas (sobre todo la gran crisis energética de 1973), la obligación de escolarizar a los hijos, además de alguna circunstancia personal, fueron las principales causas del regreso de los emigrantes.

El retorno también debía ser inmortalizado en el álbum de recuerdos, mostrando el regreso en coche, tren o avión. Una de las imágenes más características del retorno definitivo era la de los emigrantes descendiendo por la escalera del avión a su llegada al aeropuerto de Barajas. El turismo y la emigración se habían convertido en negocio rentable para quienes esperaban la llegada de extranjeros y retornados, de manera que fotógrafos profesionales esperaban a pie de pista la llegada de aviones procedentes –sobre todo– de los países de la Europa

Occidental. Curiosamente, son los emigrantes que volvían a España de forma definitiva, los retornados, quienes compraban esas fotos. Al repasar el álbum, casi todos coinciden en la misma frase: «Mira, esta es de cuando volvimos a España». Son fotografías verticales, muy alargadas, en blanco y negro, con un pie blanco en el que aparece escrita la palabra Madrid junto a una imagen de la fuente de la diosa Cibeles; una composición que confiere un formato de postal a estas fotografías. La imagen de Rafael en el último escalón, a punto de pisar la pista de Barajas, cargado con dos pesados bolsos de mano; Dolores junto a su hijo pequeño, descendiendo por la escalera; Natividad junto a su marido caminando por la pista mientras se alejan del avión que les ha traído de regreso y otras más. Son las imágenes que cierran el ciclo migratorio.

Otros regresos muestran el brutal choque al cruzar la frontera española. Un cambio de mentalidad, de costumbres y de circunstancias políticas, incluso tras la muerte del dictador. Lo ejemplifican las fotografías que aporta José Cabrera. El retorno de Suiza, donde había iniciado su carrera profesional como delineante, lo hizo por carretera, en un Renault 5 que venía cargado hasta los topes. Al llegar al puesto fronterizo no encontró amabilidad en los guardias que lo custodiaban. Era abril de 1976 y en España había actuado de nuevo ETA, las fechas de su regreso coinciden con el secuestro y posterior asesinato de Ángel Berazadi, un crimen que también afectaba a quienes intentaban cruzar la frontera española desde suelo francés. Explicar que tantas cajas y bultos en el vehículo eran resultado del traslado desde Suiza no sirvió de nada. La comprensión favorable hacia una familia que retornaba no estuvo presente. El coche fue registrado de manera exhaustiva, sacando al exterior absolutamente todo lo que transportaba. Las fotografías muestran el vehículo con el portón trasero abierto y un reguero de bolsas y cajas de cartón tirado en el suelo alrededor del coche. Las cajas abiertas, exponiendo la ropa sin piedad, paquetes y bolsos de mano desperdigados, incluso un televisor portátil sobre el asfalto. Elena, la esposa de José, recuerda aquel registro como una agresión. «Lo más pesado y los paquetes grandes los habíamos enviado ya a España. En el coche llevábamos solo ropa y objetos personales, cosas íntimas. Se lo dijimos a los agentes de aduanas, bastaba con echar un vistazo por encima a las cajas para ver que no había nada más, pero no sirvió de nada». Ante esta situación, prepararon un escrito de queja y se dispusieron a retratar el atropello por si podían reclamar pérdidas y desperfectos. Otra manera de inmortalizar aquellos inolvidables recuerdos.

ESTAMOS BIEN

La incertidumbre anida en los familiares cuando a la distancia se suma la escasez de noticias. Los seres queridos estaban a miles de kilómetros en Francia, Bélgica, Alemania o Suiza y las comunicaciones se limitaban a cartas, un contacto indirecto que impedía testar el bienestar de quien había partido lejos, sin poder comprobarlo ni por el tono de su voz ni por el brillo de su mirada. Por eso era fundamental enviar una prueba de que el viaje y la llegada al destino habían ido bien, un posado que diera fe de que ya estaban trabajando, que disponían de un alojamiento, fuese una habitación o casa propia, y que estaban acompañados por amigos o compañeros de trabajo. Esa primera imagen inauguraba el relato de los emigrantes y certificaba el mensaje prioritario: estoy bien.

La España de los años cincuenta y sesenta distaba mucho de ser un país moderno y bien comunicado. Las relaciones personales a distancia se mantenían a través de cartas y postales, las comunicaciones más habituales, que tardaban unos días en llegar a su destino. Para las comunicaciones urgentes se utilizaba el telegrama, cuyas características (un escaso número de palabras redactado de forma concisa en estilo telegráfico) y coste (superior al del correo ordinario) lo dejaban reservado para causas de fuerza mayor. La inmediatez se conseguía con el teléfono, siendo este el medio de comunicación más caro, inasumible para buena parte de los familiares de emigrantes que, además, carecían de un aparato en sus casas. Generalmente había que llamar a una portería, al bar más cercano, a la tienda de confianza o a una vecina cuya situación le permitía disponer de teléfono en casa. «Te llamaré el día de tu santo a las dos al bar de Paco», rezaba una de las postales que ha aportado la familia Rodríguez Pérez.

En los municipios de zonas rurales estas comunicaciones se articulaban en torno a la sede de la compañía Telefónica, a veces una sede corporativa, aunque generalmente era una casa particular homologada por la compañía, que habilitaba el zaguán a modo de locutorio y adonde acudían los familiares a recibir llamadas o corrían tras ser avisados.

Por tanto, la vinculación epistolar en formato de carta o postal era lo más común. Imaginar la España de aquellos años cincuenta y sesenta puede llevarnos a pensar en la precariedad de las comunicaciones y en dificultades para mantener correspondencia desde el extranjero y viceversa. Pero, teniendo en cuenta el contexto histórico-social y abstrayéndonos del mundo digital de nuestros días, no puede considerarse un páramo. Las sedes de Correos y el cuerpo de carteros componen un entramado perfectamente estructurado en el territorio español y la conexión con el extranjero funciona de forma natural y casi sin problemas desde finales de la década de los cincuenta. El mayor inconveniente para comunicar por carta era la alfabetización de la población española en aquellas décadas. Algunos informes oficiales (Censos de población[33]) nos aportan datos concretos sobre esta situación al iniciarse la década de los cincuenta, de manera que se estima la tasa de escolarización en 1952, entre niños y niñas de 6 a 11 años (nacidos a partir de 1941), en un 69,15% de la población en edad escolar. La importancia de esta estimación

33. Según estos datos, en 1950 la tasa de alfabetización en niños de 6 años estaba por encima del 30% y a los 10 años se alcanzaba el 80%, cifras que no parecen reales atendiendo a la situación del país y la realidad social en aquella fecha.

es que se refiere a quienes formaron el contingente principal de emigrantes en las décadas posteriores. Parece una cifra bastante elevada, por lo que tomaremos como referencia a historiadores que aportan cifras más fiables a la realidad española de esa época. Más, teniendo en cuenta que Andalucía no estaba a la cabeza de ese *ranking* y que nos interesa –sobre todo– la población rural y obrera, como base del movimiento migratorio andaluz. «Finalmente, en 1950, la tasa de escolarización en la enseñanza primaria solo cubría al 47,7% de los niños de 2 a 13 años, en tanto que la tasa de escolarización secundaria solo abarcaba al 18,6% de los jóvenes de 14 a 17 años. Paralelamente, la tasa de estudiantes en niveles superiores y universitarios se reducía a un escasísimo 1,4% de la juventud de 18 a 25 años[34]».

En todo caso, habría que contar en esos índices con una alta tasa de abandono escolar (muchos niños y niñas abandonaban la escuela a partir de los diez años para trabajar de mozos y aprendices, sobre todo en el mundo rural: niños cuidando animales en cortijos y niñas haciendo tareas domésticas en las casas donde trabajaban sus madres). Circunstancia que propicia un importante número de analfabetos funcionales, personas que sabían leer y escribir con dificultad, de manera que no poseían la capacidad necesaria para mantener una comunicación por carta de manera fluida y completa.

LA IMAGEN COMO PRINCIPIO DE COMUNICACIÓN

«La vista llega antes que las palabras. El niño mira y ve antes de hablar», afirmaba John Berger en el libro *Modos de ver*, que

34. Moradiellos, E., *op. cit.*, p. 114.

recogía sus ensayos sobre la mirada al arte y la interpretación de las imágenes que observamos. Esa comunicación directa era reivindicada para justificar que lo que vemos (Berger ejemplifica con una puesta de sol) supera cualquier explicación con palabras del hecho en sí, de la impresión que recibimos mediante la visión. Y llega a una conclusión que bien pudieron haber aprendido de forma innata los emigrantes: «Cuando se ama, la vista del ser amado tiene un carácter de absoluto que ninguna palabra, ningún abrazo puede igualar[35]». Quizá Berger exagere en su planteamiento, pero, referido a este estudio, bien puede entenderse que la contemplación de los seres queridos al recibir una fotografía superaba la emoción del envío de besos y abrazos escritos en una carta.

Esa necesidad de (re)presentarse ante los familiares que esperaban ansiosos noticias en su lugar de origen, lleva a la práctica totalidad de emigrantes a fotografiarse con posados en el lugar de trabajo, en sus viviendas, solos y con compañeros, vecinos y amigos. Posar en imágenes que trasladan un mensaje: estoy bien.

Así lo hizo Adela Trucharte, cuando envió una fotografía en la que aparece en su lugar de trabajo. Adela era empleada doméstica en Bad Kissingen, ciudad alemana de la Baja Franconia, en el estado de Baviera. En la imagen podemos verla con su uniforme, pero no está en la cocina ni en una de las estancias que arreglaba cada día, sino que se fotografía en el exterior, para que se puedan ver los preciosos rosales y el cuidado jardín que rodea al palacete donde trabaja. Mira fijamente a la cámara, con las manos cogidas delante, en el regazo, una pose de modestia. Tras ella aparece el coche familiar, un imponente

35. Berger, John, *Modos de ver*, Gustavo Gili, Barcelona, 2000, p. 13.

Mercedes de gama alta, y a su izquierda la señora de la casa, una mujer que probablemente se encuentre en la treintena, vestida de forma informal, casi juvenil, que sonríe a la cámara.

El encuadre es perfecto, deja ver todo lo que Adela quiere enseñar en una perfecta composición: una residencia majestuosa, cuyo exterior indica que es un sitio muy agradable para vivir; un vehículo de gran lujo, que simboliza el poderío económico de sus dueños; y una señora elegante y moderna, que transmite seguridad y cercanía con sus empleados. El mensaje es evidente: 1) trabajo en un sitio estupendo, un palacete; 2) mis señores tienen un poder económico importante; 3) cuento con el beneplácito de mi jefa, que incluso accede a fotografiarse conmigo. Todo lo bueno que se quiere trasladar a los familiares contando en una fotografía.

EL POSADO COMO MUESTRA DEL BIENESTAR

Son muy numerosos los posados encontrados en los materiales gráficos recopilados. Entendiendo como posado el retrato individual o de grupo desligado de cualquier otra intención que no sea la de ofrecer una imagen personal de los protagonistas. Quienes aparecen en estas fotografías adoptan una posición determinada para ser retratados frente al fotógrafo, alejados de cualquier propósito, aunque estén simulando realizar una acción, y mirando a cámara.

El principal grupo lo componen las fotografías en las que los emigrantes aparecen vestidos de calle, con traje y corbata, vestidos elegantes y abrigos caros. A muchos de ellos los hemos visto con monos de trabajo manchados de grasa, fumando un cigarro con los compañeros a las puertas de los barracones, en camiseta de tirantes o haciendo las labores domésticas con el torso desnudo. Pero en los retratos visten sus mejores galas, las que han podido adquirir con sus nuevos sueldos. También muestran la mejora de su nivel de vida, enseñando las viviendas y vehículos adquiridos durante la estancia en el extranjero.

A este grupo pertenecen las fotografías de Rafael Guerra en Suiza, que posa apoyado en el maletero de su impresionante deportivo rojo. «Mi primer coche, un Triumph G.T. 1400. Me costó 3.000 francos suizos y el cambio estaba a 18 pesetas. 54.000 pesetas», comenta la foto que envió a través de una red social. En otras de ellas se le ve con otro vehículo deportivo de gama alta, un Ford GT amarillo. Pero más significativa es la primera de su álbum, una foto en blanco y negro en la que aparece solo, con traje y corbata oscuros, el pelo corto y mirando a cámara con seguridad y aplomo mientras fuma un cigarrillo. Su comentario de esta imagen lo dice todo: «La clásica foto del emigrante que mandábamos a la familia». La constatación de que ese posado, repetido en todos los álbumes de los emigrantes andaluces, era un mensaje para enviar a casa.

También delante de su coche se retrata Alfonso en numerosas ocasiones, otro impresionante deportivo rojo; así como otros casos que responden siempre al mismo patrón: hombre, joven, soltero y con un vehículo adquirido tras sus primeros años en el extranjero.

El retrato junto a un coche es un recurso habitual para trasladar un mensaje de prosperidad («me va bien») en diferentes situaciones. Unas veces se trata del vehículo de empresa, como la elegante berlina de dos colores a la que va a subir Juan para hacer una gestión en la enorme planta industrial en la que trabaja: no se trata del vehículo propio, pero significa haber alcanzado un estatus, haberse sacado el carné de conducir en el extranjero y utilizar los vehículos de alta gama de su trabajo; obviamente, hay que inmortalizarlo y enviar la foto a casa.

Otras veces se trata del vehículo familiar. Es el caso de Rafael Cañete, que posa junto a su familia, mujer y dos hijos, en Lyon delante de un Renault Dauphine. La foto es de 1959, una fecha en la que adquirir un vehículo como este sería imposible para los vecinos del pueblo cordobés que le vieron marchar al extranjero.

Para demostrar la consecución de un empleo mejor, Rafael posa con el mono de trabajo en una de las pistas del aeropuerto de Frankfurt. Ha pasado por varios trabajos desde que llegó a Alemania y ahora tiene un buen cargo. Quiere mostrarlo a los familiares y se retrata a pie de pista, en una foto que muestra la grandeza de ese aeropuerto mediante una perspectiva que se pierde en el horizonte. Está de pie, con las manos a la espalda en una pose relajada y gesto sonriente. A su derecha los pequeños vehículos de pista que maneja aparecen perfectamente alineados, señal de orden, y detrás de él tres grandes aviones de pasajeros, su materia de trabajo. Los primeros destinos quedaron atrás, como personal de limpieza y obrero de base en una fábrica, y ahora muestra su nuevo puesto de trabajo, la terminal de carga de uno de los mayores aeropuertos de Europa, un trabajo al aire libre, donde maneja los vehículos motorizados que aparecen en su retrato.

Otras fotografías que trasladan un mensaje de tranquilidad a la familia son aquellas en las que aparecen posando con amigos, compañeros de trabajo y de vivienda, una compañía que complementa el mensaje principal, pues al «estoy bien» hay que sumar el «no estoy solo, tengo amigos». Retratos en los que lucen en numerosas ocasiones abrigos elegantes, de gruesa lana y paño. Abrigos que son el símbolo de la prosperidad y, por tanto, del bienestar.

ABRIGOS CAROS

Domingo posa con un abrigo largo que parece protegerle del frío que revelan las calles nevadas. No mira a cámara, dirige la vista hacia otro lado en un gesto de distracción que no sabemos si es natural o intencionado. Una pose que le aporta distinción, llevando con elegancia el abrigo oscuro y una confortable bufanda cruzada delante del pecho.

Rafael lleva un abrigo gris moteado. No es un tono homogéneo, sino que está conformado por miles de puntos negros, grises y blancos. Un juego de hilos de lana que le da una apariencia elegante y moderna. Posa con el abrigo cerrado sobre el traje, camisa blanca y corbata negra. Está delante de la fábrica donde trabaja, pues reside en uno de los barracones que hay en ese mismo recinto. Ya ha podido comprarse ese elegante abrigo y, como la mayoría de los emigrantes, se pone sus mejores galas para salir a pasear. Al igual que muchos emigrantes, aprovecha la salida para hacerse una foto, un retrato que unos días más tarde enviará con una dedicatoria escrita por detrás.

Adriano y su hermano Fernando posan junto a su padre en un campo completamente nevado, junto a una carretera que solo se adivina por las marcas que dejan las ruedas en la abundante nieve. Todos están bien protegidos del frío. Chaquetones de cuero y forro de borreguito para los niños, complementados por guantes, gorro y bufanda. Elegante abrigo oscuro de tres cuartos para el padre. Los tres botones del abrigo abrochados no dejan ver el traje, tan solo permiten que asome la camisa blanca y una corbata oscura, pero revelan una vestimenta distinguida.

José lleva abierta su elegante gabardina, de manera que deja ver el pantalón oscuro, la chaqueta estilo príncipe de gales y la corbata. Junto a él, un amigo con un abrigo oscuro cerrado por tres botones y un pañuelo al cuello. Están en el interior de la vivienda que comparten y parecen listos para salir, aunque el amigo de José, sorprendentemente, lleva en la mano un aparato de radio y así posa en la foto, rompiendo en parte la elegancia del conjunto.

Elena tira de la cuerda del trineo sobre el que están subidos dos niños. Otra mujer está ayudando a subir a uno de ellos. Están en una llanura completamente nevada, delante de un bosque. Las piernas de Elena se hunden en la nieve casi hasta las rodillas. Se protege del frío con un abrigo de cuadros en tonos marrones, casi rojizos, y beis, además de llevar guantes y un gran pañuelo en el cuello. El abrigo lo llevó desde España, compró la tela en unos grandes almacenes de Córdoba y lo confeccionó ella misma. «Mi jefa me dijo que le gustaba mucho el abrigo, que dónde lo había comprado. Al decirle que lo había hecho yo, me preguntó si le podía hacer uno igual. La verdad es que era muy bueno y tuvo mucho éxito». Así debía ser, pues aparece con él en diversas fotografías de viajes y excursiones, completamente rodeada de nieve, durante su estancia en Suiza.

También de cuadros, en tonos muy similares al anterior, es el abrigo de la mujer que pasea por la capital de Luxemburgo junto a sus dos hijos. La madre mira a sus niños, Antoñi y Alfonso, todos van perfectamente pertrechados. Los niños con abrigos en color celeste y gorros, que en el caso de la niña es de pelo blanco, muy llamativo. La madre con un abrigo cruzado, con todos los botones cerrados. Pasean por una elegante zona del centro de la ciudad y sus ropas no desmerecen del resto de sus conciudadanos.

Como vemos, el colorido parece reservado a las prendas de abrigo de niños y mujeres, mientras los hombres escogen negros, grises y azul marino para sus abrigos. Pero estamos en Europa, a finales de los sesenta y principios de los setenta, y, por supuesto, no todo era tan oscuro. José lleva un abrigo beis de paño, con las solapas levantadas. Un abrigo de cierto grosor, tamaño tres cuartos, con unos botones muy grandes y los bolsillos en diagonal. Lleva jersey de cuello vuelto y una gorra, la mano izquierda en el bolsillo y un cigarrillo en la derecha, mientras mira a cámara de soslayo con media sonrisa. A fin de cuentas, como él mismo afirmaba, siempre fue el más moderno del grupo.

Esta enumeración de vestimentas que puede asemejarse a la introducción de un catálogo de moda más que al análisis de unas fotografías históricas, parece la mejor manera de presentar las numerosas imágenes encontradas con posados de emigrantes luciendo sus mejores ropas. Revela un notable interés por vestir de forma elegante, además de estar bien equipados. El abrigo era una forma de distinción y, según cuentan la mayoría, no podían aspirar a esos modelos con lo que ganaban en España. Algunos, muy pocos, sí los adquirieron antes de partir, como una inversión de cara a la estancia en el extranjero o como regalo de unos padres preocupados por el destino de sus hijos en las frías tierras del centro y el norte de Europa. Otros, la gran mayoría, invirtieron parte de los primeros sueldos en conseguirlos.

Es importante reseñar su forma de vestir, con ropas elegantes tanto para salir a divertirse, pasear con la familia o acudir a los locales de reunión. Rescatar este aspecto de su vida supone desmontar una imagen tópica, la de los emigrantes como menesterosos, sacrificando también en el vestir para conseguir el máximo ahorro. Bien es cierto que podían pasar penalidades en su día a día, pero tenían claro que su presencia en las calles de su nueva ciudad no iba a convertirles en ciudadanos de segunda por su manera de vestir. Diferenciaban su vida laboral y de puertas adentro, respecto de su presencia pública en los momentos de ocio y esparcimiento. Unos momentos que aprovechaban para retratarse, en fotos que enviaban a la familia y también incorporaban al álbum de recuerdos.

Esas fotos enviadas a miles de kilómetros dentro de un sobre no representan ostentación, son una expresión de dignidad. No se trata de aparentar, sino de no desmerecer respecto a los demás, en este caso la sociedad que les acoge. Una lección aprendida desde la cuna, que es inherente a la identidad andaluza.

HOGAR (PROPIO), DULCE HOGAR

En el capítulo dedicado a las labores domésticas quedan reflejadas las duras condiciones de vida que sufren los emigrantes en el día a día. La deficiente habitabilidad de las viviendas, la escasa dotación, malas infraestructuras o la falta de mobiliario, todas esas condiciones que se pueden apreciar en sus fotografías, ejemplifican las penurias que pasaron los trabajadores emigrados. Pero cuando se conseguían algunas mejoras, como tener una vivienda propia, sin compartir con otros compañeros o familiares, había que contarlo, mostrarlo, dar fe de ello. Ahí entra en juego, una vez más, la fotografía.

Un joven matrimonio muestra su vivienda en diversos retratos. Parece un reportaje destinado a enseñar una vivienda más que unas imágenes íntimas, un recuerdo personal. La cocina, la sala de estar, incluso el dormitorio aparece en esas fotos en las que posan juntos. Tener vivienda propia es un signo de bienestar para los emigrantes, sobre todo para las parejas. Muchos han narrado cómo vivían en casas compartidas, en habitaciones alquiladas o en barracones de las fábricas donde trabajaban, lugares donde no se les permitía compartir vivienda ya que hombres y mujeres vivían separados. Por tanto, es lógico pensar que había que trasladar a la familia la noticia de que tenían casa propia y el medio más adecuado era mostrarlo en imágenes.

Natividad posa junto a su marido en diversas estancias. En la cocina aparecen junto a los fogones, un aparato con una gran placa metálica sobre un mueble metalizado en blanco y un gran tubo para la salida de humos que asciende exento hasta alcanzar el techo (un modelo de cocina casi idéntico a todas las que aparecen en las fotografías del resto de emigrantes que se inmortalizaron en esa estancia, mitad estufa, mitad calefacción). Cada uno a un lado de la imagen, dejando el centro para el fogón. Miran a cámara esbozando una sonrisa, con gesto de satisfacción. Ella lleva el delantal puesto, mientras José porta una sartén en la mano izquierda y un tenedor en la derecha, como si estuvieran cocinando. Pero se trata de un posado, una composición preparada. En otras fotografías los vemos con la misma ropa, incluyendo el delantal, también en la que posan sentados sobre la cama.

Se adivina una vivienda pequeña, con habitaciones austeras. Una apreciación que se hace más evidente en la fotografía del dormitorio, con la cama pegada a la pared bajo el techo inclinado de la buhardilla. Ambos miran de nuevo a cámara, en un posado que es más natural en el hombre, que cruza la pierna derecha sobre la izquierda y la sujeta con las dos manos. Media sonrisa y gesto relajado. Están mostrando su casa, están orgullosos de habitar esa vivienda. José cuenta cómo llegaron a esa situación tras pasar por varios alojamientos: «Salí de España en 1965, tras presentarme en el IEE para ver si entraba a una convocatoria que habían hecho para trabajar en Alemania. Tras superar el reconocimiento médico y conseguir el contrato viajé hasta Hanau, localidad próxima a Frankfurt donde trabajé en una fábrica metalúrgica. Allí me alojé en los barracones que la empresa había preparado para nosotros. A los siete meses regresé a España para casarme y cuando volvimos juntos a Alemania buscamos un nuevo alojamiento. Un matrimonio de Palencia nos alquiló una habitación y allí nos metimos, compartiendo casa. Después conseguimos alquilar un apartamento para nosotros solos, en una segunda planta de un edificio donde vivían más españoles, pero era un piso para nosotros solos». Después de estas vicisitudes, es normal que muestren una vivienda que no tienen que compartir con nadie. Y lo hacen con posados en distintas estancias de la casa. No están enseñando un apartamento de alquiler, enseñan su hogar.

EN EL TRABAJO

El principal motivo que empujó a cientos de miles de andaluces a salir de su tierra fue la búsqueda de empleo; es algo evidente e irrefutable. Al diseccionar este argumento comprobamos que hay diversos factores: un elevado número de desempleados, sobre todo en el sector agrícola, que era el principal en Andalucía en esos años; unos sueldos que no alcanzaban para mantener a una familia; y una discriminación laboral sufrida como consecuencia de una sociedad estratificada desde hacía siglos y acentuada tras la Guerra Civil. Es importante anotar estas características, porque cuando se habla del «fenómeno de la emigración española» para reflejar el éxodo de trabajadores hacia Europa en la segunda mitad del siglo XX, sería necesario identificarlo con la España pobre, con las regiones maltratadas laboralmente, aquellas en las que los años del hambre ahondaron la herida y la posguerra acentuó las diferencias económicas y sociales. Entre Andalucía, Galicia y algunas zonas de Castilla y Extremadura (lugares que ahora conocemos como la «España vaciada») se contabilizan más de dos tercios de los emigrantes.

También es necesario volver a incidir en las cifras estimadas, los dos millones de trabajadores emigrados, de los que aproximadamente la mitad parten sin contrato ni perspectivas sólidas de obtenerlo. Es decir, si alrededor de un millón de personas se arriesgan a dejar su casa sin un contrato de trabajo, llegando a un país del que desconocen su idioma y su cultura y sin tener medios para subsistir hasta poder estabilizarse, está claro que las condiciones económicas que tenían en España eran mucho peores de las que podían encontrar lanzándose a esa aventura. Por tanto, esa necesidad de mejorar económicamente, de encontrar un trabajo al que no podían aspirar en su localidad de origen, aunque estuviese en la parte baja del escalafón laboral, hay que entenderla como una necesidad de subsistencia. Por ese motivo era una cuestión vital conseguir un trabajo en el extranjero, para optar a una mejora económica; las condiciones de vida ya fueron otra cosa...

Una vez señalada esta cuestión, que hay que subrayar una y otra vez, es fácil entender que la consecución de un trabajo validaba todo el proceso. De ahí la importancia que las fotografías de este grupo tienen para comprender el fenómeno migratorio. Sobre todo para los andaluces emigrados, pues la gran mayoría eran trabajadores del sector agrícola y obreros no especializados, que mostraban orgullosos las imágenes donde se les veía trabajando en importantes fábricas textiles y de automóviles, plantas químicas, industrias metalúrgicas o en los aeropuertos y estaciones más importantes de Europa. Evidentemente ocupaban los puestos inferiores del escalafón de trabajo, pero pertenecían a grandes empresas y, sobre todo, tenían un sueldo estable con el que se consideraban recompensados, dos cuestiones a las que no podían aspirar en su lugar de origen.

Son muchas las fotografías pertenecientes al ámbito laboral que atesoran los trabajadores andaluces que partieron hacia Europa. Muestran el lugar donde trabajaban (la fábrica, la planta industrial, el edificio o recinto al que se dirigían cada día) y el puesto de trabajo, el lugar físico donde desempeñaban su tarea (la cadena de montaje, la máquina que controlaban, las cocinas o los vehículos que conducían). Son fotografías que nos informan de la tarea profesional que desempeñan, además de mostrarnos a sus compañeros, los nuevos amigos. También reflejan las actividades con las que mataban los ratos muertos entre turno y turno, además de las comidas que efectuaban en sus puestos de trabajo. Unas descripciones que, sumadas a los testimonios recabados, nos ayudan a imaginar cómo fueron aquellos trabajos por los que se habían desplazado miles de kilómetros y en los que permanecieron gran parte de su vida laboral.

TENGO TRABAJO

La incorporación al puesto de trabajo era inmediata y uno de los primeros objetivos era inmortalizar ese momento. Había que mostrar en las fotografías toda la información necesaria para certificar que se había conseguido el objetivo. Imágenes para enviar a casa un triple mensaje: esta es mi empresa (el lugar de trabajo), aquí trabajo (el puesto donde desarrollaba su tarea) y estos son mis compañeros. Ante los ojos de los familiares que reciben las cartas aparecen fotografías de fábricas, medios de transportes, minas, colegios y edificios públicos, obras, jardines, oficinas y otros muchos lugares donde desarrollan su cometido. Lugares donde trabajan como obreros, técnicos, albañiles, jardineros, transportistas, cocineros, limpiadores y algunas ocupaciones más. El posado en el puesto de trabajo es, en primer lugar, un mensaje que se traslada a familiares y amigos en España y, con el paso de los años, se convierte en la imagen más significativa del recuerdo.

Que las imágenes de los trabajos simbolizaran un triunfo no quiere decir que todas fuesen amables o estuvieran exentas de dureza. En numerosos casos, las tareas que desempeñan los emigrantes son sufridas y fotografiar las condiciones de trabajo no siempre logra representar una bella postal. Sin embargo, todos lo hacen y, hay que incidir de nuevo en ello, sea cual fuese el trabajo obtenido y con independencia de las tareas que muestran las fotos, todos los posados en el trabajo representan un triunfo: el objetivo cumplido.

Un grupo de mineros posa ante la cámara con gesto sonriente. Acaban de salir de una de las galerías de las minas de Gelsenkirchen y se retratan junto al siguiente turno, los que van a entrar al pozo. La mayoría no se ha lavado todavía y sus caras están completamente cubiertas de carbonilla. Los dientes blancos destacan sobremanera sobre la negrura de los rostros. Francisco Urbano está entre ellos. En otras fotos se le ve junto a otros compañeros y también antes de entrar a las duchas. El gesto revela un cansancio brutal, pero no hay contrariedad. Si hubiese que catalogar su rostro la palabra escogida sería satisfacción, en su cuarta acepción: «Confianza o seguridad del ánimo». La dureza de la mina no pudo con el ánimo de los que trabajaron en ella. Algunos eran albañiles y campesinos y afirmaban que preferían ese trabajo antes que pasar hambre en su pueblo, donde estaban expuestos a la productividad de las cosechas y la temporalidad. No lo dudaron cuando a través del IEE les ofrecieron trabajar como mineros y, según se aprecia en la foto, parecen satisfechos de su decisión.

Juan Banderas emigró a Rheydt, un municipio de la localidad alemana de Mönchengladbach, donde estuvo trabajando en una fábrica de 1960 a 1965. Juan posee un muestrario de fotografías que puede ilustrar todas las acciones que desarrollaba en la Deutsche Kabelwerke G.M.B.H. Aparece en su puesto de trabajo manejando la maquinaria, posando con dos compañeros en otro rincón de la fábrica, con esas mismas personas junto a una enorme máquina en una faena rutinaria (se adivina que es un posado simulando una acción de trabajo), retratado con un compañero alemán, tomando un tentempié sin dejar el puesto de trabajo (incluso aparece en la imagen un botijo) y subido a un camión, uno de los grandes transportes de la firma. La fábrica, los compañeros, el puesto de trabajo, los medios y maquinaria de su empresa y las comidas en el tajo, todo ha quedado impreso en una nueva muestra de ese diario en imágenes que confeccionaron los emigrantes.

El caso de Antonio Benjumea es el de otros muchos emigrantes. En las instalaciones de Hytasa en Sevilla trabajaba doblando turnos, sumando horas extras y trabajando los festivos. «Me acababa de comprar un piso y había que pagarlo». Pero los nuevos planes de reconversión pasan por incluir la robotización de la fábrica y eliminar los turnos y horas extras. Ante esta situación, decide marcharse a Francia, donde consigue trabajo en una multinacional. Acostumbrado al pluriempleo, al poco tiempo compatibiliza el trabajo en la fábrica con unas jornadas de tarde en un hotel de la zona. También estuvo al cuidado de jardines de algunas casas residenciales y en otros trabajos. Antonio conserva fotografías de todas sus ocupaciones, es el recordatorio de todo lo que hizo. Le vemos en la fábrica, junto a los motores y bombas de agua que controlaba. También arreglando y plantando árboles en unos viveros. A veces mirando a cámara y otras sin dejar de trabajar, siempre sonriendo.

Pedro y Antonio trabajaron como cocineros en Alemania y Francia, respectivamente. Pedro provenía de un pueblo de Córdoba y Antonio de uno de Sevilla. Ninguno de ellos tenía formación previa como cocinero: Pedro había echado una mano en el bar de sus padres y Antonio pasó parte de la mili en la cocina del cuartel. Eso era todo. En sus lugares de trabajo se ofrecía la posibilidad de incorporarse a la cocina y Pedro pasó a ser uno de los cocineros de la mina, mientras Antonio cocinaba para sus compañeros de la planta industrial. En las fotos no aparecen cocinando, sino que están bromeando. Pedro levanta un gran colador como si fuese una raqueta de tenis, mientras que Antonio hace malabares con una pila de platos que oscila en sus manos. Dos orígenes distintos, dos países de destino distintos y una misma manera (con humor) de retratar sus faenas. Una coincidencia más.

Las profesiones relacionadas con los medios de transporte se abrieron también para los trabajadores españoles. Algunos ocuparon puestos como obreros especializados y técnicos, aunque en la mayoría de los casos su participación estaba reservada a las tareas más básicas. Un grupo de almerienses y cordobeses coinciden en el aeropuerto de Frankfurt, uno de los más importantes de Europa, que había abierto sus puertas a la incorporación de trabajadores invitados. Las fotografías de Antonio, Francisco y Rafael, tres de los andaluces que trabajaron en ese aeropuerto, forman un puzle que nos informa a la perfección de cómo se organizaba el trabajo. Su tarea era la de descargar los aviones y llevar las maletas y mercancías a las terminales y almacenes. En la foto se aprecia una gran sala en la que hay mesas con bancos corridos. Los empleados, equipados con monos de trabajo, esperan sentados pasando el tiempo de diferentes maneras: unos beben una cerveza, otros juegan a las cartas. En la pared del fondo hay unas taquillas abiertas que dejan ver sus pertenencias, mientras que el resto de los equipamientos están colgados de un gran perchero. «Pasábamos mucho tiempo en la sala de espera, jugando a las cartas casi siempre. Cuando llegaba un avión el capataz nos avisaba por el altavoz, decía los nombres de los que iban a formar el equipo y nos daba las instrucciones. Todo estaba controlado por los alemanes. Nosotros salíamos a la pista, hacíamos el trabajo y regresábamos a la sala», recuerda Rafael. En esas fotos se ve a Antonio en la pista, retratado frente a un avión de la Pan-Am y sentado en uno de los carritos para trasladar las maletas.

También vemos a otro compañero manejando un «pincho», un pequeño vehículo dotado con un elevador de carga. «Era nuestro juguete favorito, el momento más divertido del trabajo». Con ese vehículo descargaban buena parte de las mercancías, mientras que con los carritos transportaban las maletas a la terminal. Un procedimiento regulado a la perfección y con unas rutinas mecánicas. Otra acción en la que coincidían todos era en retratarse junto a uno de los aviones del momento, como el McDonnell Douglas DC 10 o el Boeing 747, el famoso Jumbo, en cuyo interior posa Rafael junto a un compañero proveniente de Cáceres. Tres historias, tres colecciones de fotos y un relato informativo completo.

NO SOLO DE FÁBRICAS ALEMANAS VIVE EL EMIGRANTE

La propaganda franquista refleja la emigración como una aventura y un servicio a la patria que provoca admiración en el extranjero por los trabajadores españoles: «Nuestros operarios gozan aquí de justa fama por la eficacia y el pundonor que ponen siempre en sus empresas. Especialmente cuando trabajan fuera de la patria[36]». Así nos informa la voz en *off* del Noticiero Documental (No-Do) de aquellos años sesenta. El reportaje se centra en Alemania, en el cinturón industrial de Frankfurt y solo habla de fábricas y factorías, como si ese fuese el único destino de los emigrantes. También se refiere a los trabajadores españoles como «productores», que es el nombre que recibieron aquellos que partieron hacia Alemania gracias al convenio de trabajo firmado en 1941 con el régimen nazi y

36. No-Do, Revista *Imágenes*, 1 de enero de 1963: http://www.rtve.es/alacarta/videos/revista-imagenes/trabajadores-espanoles-alemania/2852857/

que trabajaron en condiciones de semiesclavitud para compensar la ayuda alemana al ejército franquista durante la Guerra Civil; nada que ver con los trabajadores a los que se refiere el reportaje. La imagen de la emigración presentada una vez más con el estereotipo de españoles que viajan a Alemania para trabajar en grandes fábricas. Pero no era exclusivamente así, aunque no podemos negar que fábrica y Alemania son las palabras más repetidas en el pie de foto de los archivos personales de los emigrantes andaluces. Un catálogo que repasamos en otras imágenes representativas.

Tres mujeres posan con inmaculados uniformes blancos en el exterior de la factoría en la que trabajan. Llevan una cofia en la cabeza y el logo de su empresa en el pecho. La mujer del centro de la imagen entrelaza sus brazos con los de sus compañeras, en un gesto que refuerza su camaradería. Trabajan en una factoría de chocolates en Anderlecht, uno de los municipios que conforman la metrópolis de Bruselas. Cuatro hombres trabajan en una sala que alberga una cadena de montaje, tres llevan bata azul y el cuarto, probablemente el coordinador del trabajo, bata marrón y unas hojas tamaño cuartilla en la mano. Dos sonríen mirando a cámara y los otros dos hablan entre sí mientras uno maneja una llave mecánica. Están rodeados de pequeños motores y bombas hidráulicas en una fábrica francesa. Dos obreros hacen un alto en el trabajo, uno de ellos mira a cámara y pasa la mano por el hombro de su compañero, que fuma distraído. Sus ropas están manchadas de grasa y sus rostros denotan cansancio, aunque intentan esbozar una sonrisa. Un cartel sobre la maquinaria nos informa de que estamos en una fábrica de la firma Gökel, una empresa holandesa. Estas fotografías nos muestran a operarios andaluces trabajando en factorías de Francia, Bélgica y Holanda, ejemplos de que la actividad industrial no les conducía siempre en la misma dirección.

Almuerzo en Madrid durante la parada de un viaje organizado por el IEE. Domingo Benítez y su hijo, camino de Alemania.

Emigración irregular. Trabajadores granadinos posan al llegar a Alemania, trasladados por el taxista Jesús Baca (primero por la derecha). Su hermano, Enrique, es el segundo por la izquierda.

Juan Moreno, procedente de Bérchules (Granada), posa en la estación de Bruselas a principios de los sesenta.

La reagrupación familiar. Juan González (a la izquierda) esperando la llegada de un familiar.

Los retornos estacionales, marcados por el coche comprado en el extranjero y cargado de regalos para la familia.

Rafael y José Jurado posan en el aeropuerto de Córdoba, a principios de los setenta, antes de que este último emprenda viaje a Madrid, como escala hacia Alemania.

Natividad Barranco y José Mármol regresan a España en avión, un retorno muy diferente al viaje de partida.

El coche de José Cabrera y Elena Cuevas es brutalmente registrado al pasar por la frontera en su retorno desde Suiza, en 1976.

Adela Trucharte posa junto a su «señora» en el jardín, evidenciando el lujo del hogar en el que trabaja.

Rafael Guerra posa con su Ford GT, uno de los deportivos que adquirió en Suiza.

Manuel Mesa junto a su coche, uno de los posados habituales como muestra de mejora económica.

Rafael Jurado «El Córdoba» con su abrigo de gran calidad, para combatir el frío en Frankfurt.

José Peña y un compañero muestran sus mejores galas en el invierno alemán.

Abrigos para los niños, también ataviados con prendas de calidad, paseando por el centro de Luxemburgo.

Natividad y José muestran la cocina de su nuevo hogar, estrenando casa propia en Hanau.

Juan Bandera posa encima de uno de los camiones del complejo industrial en el que trabajaba.

Gaspar Cebrián junto a sus compañeros alemanes, en un descanso del trabajo. Posar con ellos era un mensaje de integración.

Mineros sonríen a la cámara tras salir del pozo en Gelsenkirchen.

Compañeros de Antonio Invernón esperan la llegada de un avión para descargarlo en el aeropuerto de Frankfurt.

Enrique Vaca (primero por la derecha, sentado) posa junto a sus compañeros en una fábrica de muñecas de Toulouse, en 1958.

El pluriempleo era común. Antonio Benjumea (a la izquierda) trabajando como jardinero en Suiza.

Pedro bromea en su cocina, mostrando sus utensilios de trabajo.

El malagueño Antonio Bocanegra desarrolla su trabajo en una planta industrial en Alemania.

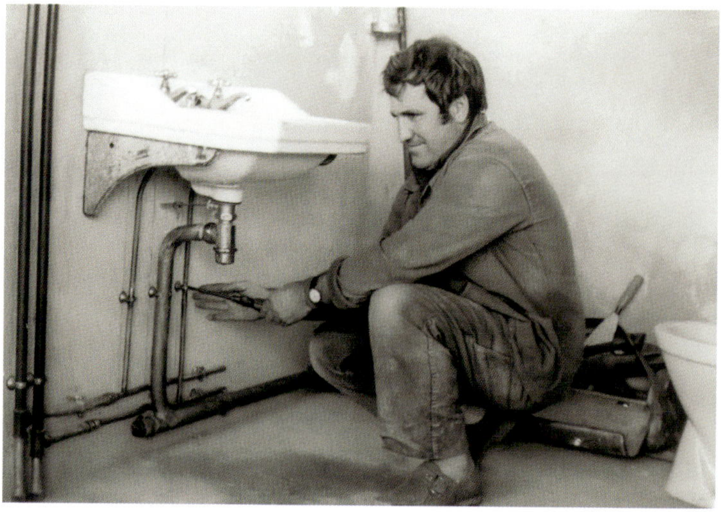

No todo eran industrias y fábricas. Los oficios tradicionales también eran cubiertos por trabajadores andaluces profesionales. Fontanero en Tarbes, Francia, en 1972.

Los mecánicos también constituyen un grupo numeroso en la emigración andaluza.

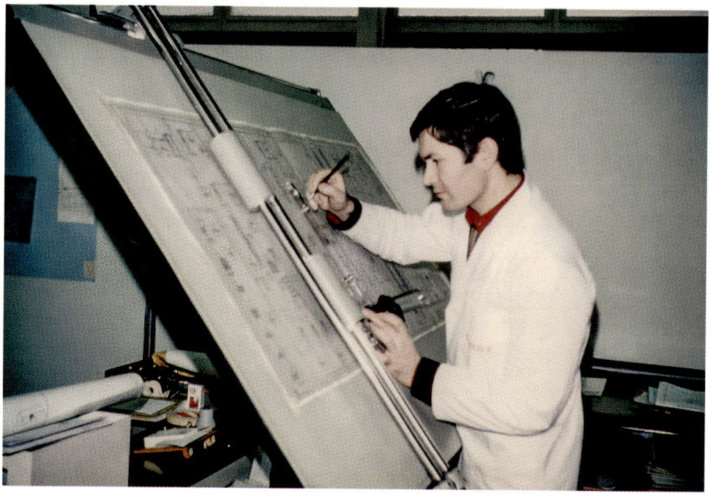

Profesionales cualificados como José Cabrera, que trabajó como delineante en Suiza, también emigraron.

Gertrudis Rando junto a sus compañeras en una fábrica de galletas en Alemania.

Lujosos edificios en Francia *hablaban* español. Antonia Rodríguez posa en su portería en el centro de París, un oficio que ocuparon numerosas mujeres.

Ángeles Canalejo y sus compañeras de la factoría cristalera Siemens-Glas A. G.

Las mujeres, como Josefa Balirac, eran muy demandadas en la fábrica de televisores Nordmende.

Antonio Invernón Campoy en su trabajo, en el aeropuerto de Frankfurt.

Juan Bandera almuerza con sus compañeros, con elementos tan típicos como una bota y un botijo.

Manuel Mesa junto a otros compañeros comparten la estancia que sirve de dormitorio y comedor.

En Alemania, Elio Jiménez y sus compañeros comparten el típico perol cordobés y una bota de vino.

Las comidas familiares son uno de los referentes de los álbumes de la emigración, aunque no se haya terminado el postre y se estén pelando las naranjas.

Josefa Gil con su familia y amigos disfrutan de la sobremesa en un patio de vecinos del «cinturón rojo» de París.

Agustín Lancharro y Vicenta Duque, sevillanos emigrados a Rheydt (Alemania), compartiendo sobremesa.

Almuerzo en una empresa metalúrgica en Frankfurt. El granadino Rafael León (cuarto por la izquierda) junto a sus compañeros en 1967. Se une el jefe alemán (con corbata), que hablaba español.

Josefa Gil y sus amigos disfrutan del champán en Francia.

Las bebidas espumosas también aparecen en las celebraciones de las misiones católicas, como esta de Alemania.

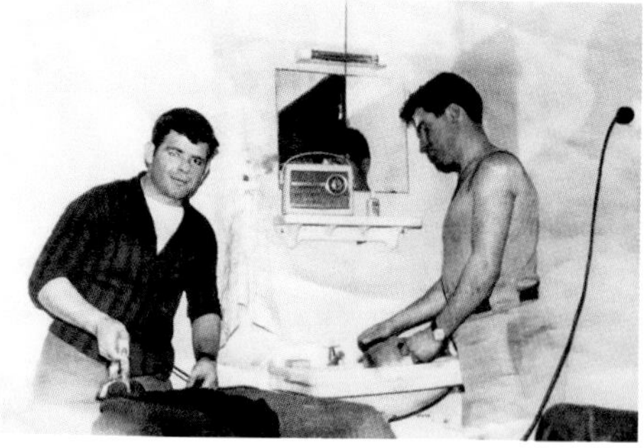

Las tareas domésticas se incorporan a la vida del emigrante. José Peña plancha, mientras su compañero lava una olla.

Superando las carencias, Elio lava la ropa en los fregaderos comunitarios del barracón.

Juan utiliza el detergente OMO en Alemania.

Y Josefa usa el mismo detergente en París.

Los emigrantes asumen tareas que los hombres no hacían en España. Antonio Benjumea con el barreño de la ropa.

Sacramento prepara unas migas con la comodidad de su cocina en Alemania.

En las buhardillas francesas, las dificultades eran notables a la hora de cocinar.

La comida se trasladaba desde las cocinas de los barracones hasta la zona de comer. «El Córdoba» lo hace por este pasillo que muestra las condiciones de habitabilidad.

Los emigrantes andaluces se enfrentaron con ánimo a las duras condiciones de vida, como estos trabajadores alojados en vagones habilitados como viviendas en Kornwestheim (Alemania), en 1962.

Antonia atiende la correspondencia, una de las tareas principales de los emigrantes; estar comunicados por carta.

Juan Sánchez escribiendo una carta. Una de las imágenes más retratadas por los emigrantes.

El centro español era el lugar de encuentro de casi todos los emigrantes españoles. Natividad y José posan junto a unos compañeros.

En los centros españoles se organizaban múltiples actividades, incluyendo concursos de belleza como este donde se elige a Miss Oberndorf.

Numerosas bandas musicales, como esta de Juan Sánchez, se formaron sobre todo en Alemania, actuando en salones y centros españoles.

Un antiguo teatro convertido en salón de baile para acoger a emigrantes de las poblaciones del cinturón industrial de Frankfurt, por iniciativa de Juan Sánchez y algunos compañeros.

Una guitarra, un radiocasete, un póster de Elvis: la música fue fundamental en la vida cotidiana de muchos emigrantes, que en sus viajes introdujeron discos y casetes en España.

Ángela Benítez (cuarta por la derecha) en la Misión Católica de Essen.

Fernando González Viñas (primero por la izquierda) en el equipo infantil Spielvereinigung Oberndorf.

Equipo de emigrantes españoles en Suiza, con Rafael Guerra (primero por la izquierda, agachado).

El equipo femenino del Centro español de Remscheid juega un partido en Wermelskirchen, en 1976.

Partido de fútbol improvisado, con Manuel Mesa sujetando la pelota.

Bailando twist en una fiesta privada en Londres.

Mayo del 68. Las calles de París arden. Los bailes de los españoles, también.

Boda entre emigrantes en Frankfurt.

Vicenta Duque acompañando a los novios.

Mª Carmen con sus padres, Joaquín Fernández y Josefa Balirac, gaditano y gallega que formaron su hogar en Bremen.

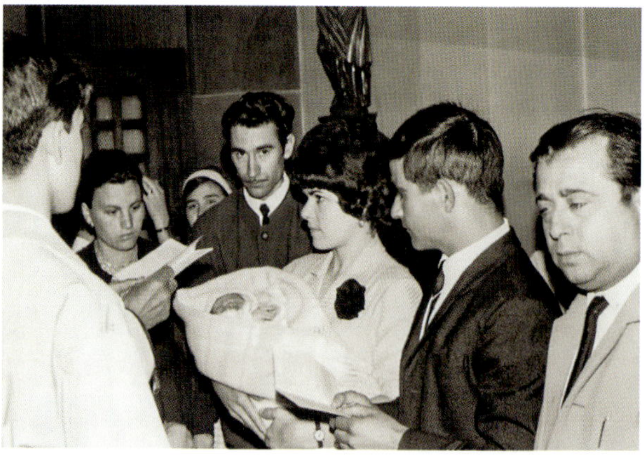

Los bautizos fueron una de las celebraciones más comunes en las familias de emigrantes. Manuel Mesa mira a cámara durante la celebración.

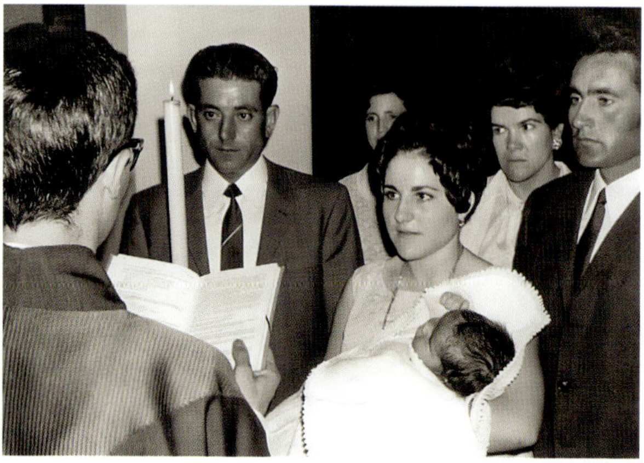

Emigrantes almerienses celebran un bautizo en Frankfurt: Sebastián y Mariana Yáñez Campoy, Francisco Haro Invernón y Antonia Haro Castaño.

Agustín y Vicenta en una celebración con amigos, brindando con champán.

Los viajes por Europa forman parte de la vida social de los emigrantes. Enrique Baca y su mujer, Ana Jiménez, regresan a Francia tras visitar a unos familiares en Kühbach (Alemania).

La familia de Antonia Carrasco trabajó en la vendimia francesa, con los niños jugando entre viñedos ante la imposibilidad de conciliar vida laboral y familiar.

En numerosas ocasiones las mujeres que no trabajaban se ocupaban de sus hijos y de los niños de amigas y vecinas.

José Bernardo, hijo de Elena Cuevas, deambula por el colegio donde trabajaba su madre.

Isabel y Miguel con uno de los numerosos disfraces que disfrutaron en su infancia en Francia.

La nueva generación. Vicenta Duque celebrando un cumpleaños en Rheydt, Alemania.

La escolarización. Antonia (segunda por la derecha, arriba) en el Colegio Marville.

Colegio en Nimes. Entre los pequeños uniformados con babi, aparece la hija de Antonia, la vendimiadora, a quien le ha llegado la hora de ser escolarizada.

La pequeña Celia, sentada en el suelo (tercera por la derecha) en el colegio Paul Valéry, en pleno centro de París.

Los hermanos Morales, Isabel y Miguel, en su tránsito de preescolar a infantil.

Colegio Hoogeveen, en Holanda.

Josefa Gil y su marido «El asturiano» muestran a sus hijos a través de la ventanilla del tren, al regresar a Sevilla.

Otros consiguieron trabajo en profesiones que ya habían ejercido en España. A veces llegaban ofertas de obreros especializados para trabajar en grandes empresas, pero también era habitual buscar esos trabajos por cuenta propia. Lo hacían personas que no habían partido mediante emigración asistida, sino por propia iniciativa y ofrecían sus servicios en las localidades de destino o bien iban a ocupar un trabajo ya seleccionado por un amigo o familiar. También hay testimonios que informan de la consecución de un primer trabajo «en lo que se presentase», aceptando la primera oportunidad de ganar un sueldo, para después intentar trabajar en el oficio que había sido su profesión. En todos estos casos las fotografías que poseen son más explícitas, ya que son retratados en plena faena. A veces se trata de un posado, como el de un fontanero al que vemos arreglando un lavabo. Su mirada y la forma de coger el destornillador denotan que se trata de una composición preparada, aunque corresponde a una reparación verdadera. El hombre aparece agachado en cuclillas, manipulando las conducciones que hay bajo un lavabo. Ropa de faena y maletín de herramientas. Una foto que probablemente nunca se hubiera hecho en España y que le sirve para certificar la profesión.

Un caso similar es el de Antonio Morales, que emigró a Francia y se estableció en Villeurbanne, donde comenzó trabajando en un taller mecánico. En la fotografía escogida aparece junto al vehículo que está reparando, con las manos manchadas de grasa, quizá haciendo un pulido a la carrocería. Es significativo que entre las numerosas fotografías aportadas esta sea la única imagen de su vida laboral. Fotos de toda la familia posando, de sus hijos en diferentes edades, de fiestas y celebraciones familiares, los niños en el colegio y alguna que otra comida grupal conforman su selección. Pero solo una imagen trabajando. Curiosamente, esta es la única en la que sonríe abiertamente.

Antonio aparece en una planta embotelladora en Francia. El malagueño Antonio Bocanegra trabaja en una planta industrial en Alemania y se retrata frente a una cuba donde se realiza un proceso químico. Lleva ropa de trabajo, casco y unas grandes gafas para proteger los ojos que, curiosamente, ni él ni su compañero se han colocado para realizar el proceso, lo que parece indicar que se trata de un posado. Manuel trabaja en Harsewinkel, en una fábrica de la firma Claas, de maquinaria agrícola. Toda su trayectoria laboral la desarrolla allí, hasta su jubilación. Recuerda que «de los 4.700 trabajadores, 1.500 eran españoles a finales de los sesenta y principios de los setenta. La ciudad prosperó mucho, de unos 9.000 habitantes que tenía cuando llegué, pasó a tener unos 16.000 cuando me fui». El crecimiento alemán, ligado a los trabajadores españoles.

NOSOTRAS TAMBIÉN EMIGRAMOS

Las mujeres también formaron parte de la mano de obra exportada a Europa, unas veces acompañando a sus maridos y otras en solitario. Si tenemos en cuenta que en la emigración asistida el 77% eran hombres y que en las salidas irregulares el porcentaje es similar o incluso superior, el número de mujeres que salían de España con la intención de conseguir un trabajo en Europa estaba en clara diferencia respecto al de los hombres.

Sin embargo, las cifras del empleo femenino aumentaron[37] con el paso de los años, por diversos factores. El primero es el cambio de intención en aquellas mujeres que emigraron para acompañar a su pareja, esposas que no tenían la intención de

37. El aumento se produce en destino y no está contemplado en las cifras de salida, asistida o irregular, como mujeres que partían de España para trabajar.

trabajar pero, ante la continua oferta o al ser demandadas por amigas y familiares para cubrir un puesto, deciden incorporarse al mundo laboral. El segundo caso es el de quienes fueron madres o se trasladaron con los hijos pequeños y al escolarizarlos decidieron hacer turnos que pudieran compatibilizar con el horario escolar. Y el tercero, aunque más minoritario, es el de las hijas que renuncian a estudiar en la universidad o abandonan el bachillerato. Dentro de este grupo encontramos a Ángela Benítez, que sí terminó sus estudios en un centro español de Essen (Alemania), hasta la reválida. «Al finalizar el bachillerato empecé a trabajar en una *boutique*, después estuve seis meses en otro trabajo y entonces mis padres decidieron regresar. Las opciones de conseguir un trabajo en España eran muy diferentes», declara dando a entender que su vida laboral habría sido otra si hubiese permanecido en Alemania.

En el mercado de trabajo español de aquellos años la incorporación de la mujer a puestos técnicos era casi inexistente, pero en Europa no. Muchas de las que partieron lo hicieron para trabajar en fábricas, factorías y plantas industriales al igual que sus compañeros masculinos, como obreros especializados. Josefa Balirac es gallega, pero se casó con Joaquín Fernández, gaditano, y a su regreso se establecieron en Cádiz, instalándose de forma definitiva en tierras andaluzas. En Alemania trabajaba en una fábrica de electrónica de la firma Nordmende, una marca de electrodomésticos que gozó de bastante prestigio desde la década de los años treinta hasta 1978, cuando es adquirida por la Thomson. A su llegada trabajó en un hospital, luego en una fábrica de café y finalmente recaló en la Nordmende, donde trabajaba en la cadena de montaje de televisores, uno de los productos estrella de la firma. En una de las fotos que conserva aparece junto a otras compañeras, rodeadas de componentes electrónicos y cada una en un puesto de trabajo equipado con un punto para soldar piezas y cables. Su hija Carmen comenta que «fue tal su destreza y aplicación que sus trabajos eran expuestos como modelo a seguir».

Además de las fábricas, donde muchas mujeres tuvieron acceso a un primer trabajo y a ocupaciones específicas que no hubiesen conseguido en España, el empleo femenino se repartía en otras ocupaciones como el servicio doméstico, limpieza de fábricas y edificios públicos, cocinas de grandes empresas, auxiliares de enfermería, hostelería y algunas más. Si hubiese que diferenciar el empleo femenino por países (según las historias recopiladas en fotografías y testimonios) se podría establecer una idea aproximada que dibujaría el siguiente –hipotético– mapa según los empleos más ocupados por mujeres: Francia, servicio doméstico, empresas de limpieza y sector agrícola; Bélgica, sector servicios; Holanda, agrícola (cultivos de flores); Alemania, industrial, cocinas y limpieza en fábricas y plantas industriales; Suiza, hostelería.

Fuese en un país u otro e independientemente de la profesión que estuvieran desempeñando, las mujeres también se retratan en sus puestos de trabajo. Así lo hace Antonia, que aparece en la portería del edificio parisino donde trabajaba. Está con las manos a la espalda, apoyada en un lateral de la puerta de entrada y mirando a cámara. Un gesto totalmente relajado, con el que traslada su bienestar por el trabajo conseguido. Otra Antonia, también en Francia, trabaja en las plantaciones vinícolas del sur del país. Sus fotografías ejemplifican el trabajo en el campo, vendimiando y empacando los racimos. Son escenas de trabajo y algún que otro posado. Todo son rostros sonrientes. Ángeles Canalejo se traslada a Alemania junto a su marido, Luis. Trabajaba en una fábrica de la localidad de Wirges, la Siemens-Glas A.G. Posa en una fotografía junto a sus compañeras, en un modelo habitual que representa a los grupos femeninos, ocho mujeres más que trabajan en la factoría cristalera.

Gertrudis Rando también posee como recuerdo todo un muestrario de la actividad en la factoría de alimentación donde trabajaba. En varias fotografías aparece junto a sus compañeras en varios lugares que nos informan de la magnitud de los espacios y la maquinaria con la que trabajaban. En otra imagen vemos a una de las organizadoras del trabajo repasando unos papeles antes de dar las órdenes al equipo y también hay una foto suya dando los últimos retoques a una caja de galletas de mantequilla, el momento final de su proceso de trabajo. También aparece con un grupo de compañeras en un momento de relax, con algunas de ellas fumando y posando divertidas: batas blancas, delantales marrones y gorro en el pelo.

Adela trabaja en el servicio doméstico de una adinerada familia alemana y, como ya comentamos (es necesario incidir de nuevo en esa imagen, en este apartado dedicado al trabajo), lanza un triple mensaje: tengo trabajo, lo desarrollo en una lujosa residencia y me llevo bien con mis jefes. No es solo el mensaje visual que equivale a decir «estoy bien», como en otros posados, también es la descripción del estatus laboral que ocupa. La foto perfecta.

No podemos cerrar el capítulo dedicado a las fotografías que mostraban el trabajo conseguido sin mencionar a aquellas mujeres que no llegaron a trabajar fuera de casa, pero que asistieron a sus maridos y cuidaron de sus hijos en el hogar familiar. Un trabajo sacrificado, que no tenía recompensa económica ni reconocimiento profesional, pero que posibilitó cumplir los objetivos fijados por muchos emigrantes. Ese sacrificio fue mucho mayor en el extranjero. La mayoría no pudieron aprender el idioma, ni siquiera pudieron socializar con su entorno, mucho menos integrarse, a pesar de que su vida era más pública que la de sus maridos. Ellas compraban, llevaban los niños al colegio y se encargaban de todas las acciones necesarias del mantenimiento de la casa, que requerían presencia exterior y contacto con sus conciudadanos. Mientras, la vida de los hombres transcurría en tres frentes que no les resultaban hostiles: el trabajo, el hogar y los lugares de ocio y encuentro (bares y centros españoles). Tuvieron las mismas obligaciones que en España y –probablemente– muchas menos satisfacciones, al estar alejadas del entorno familiar y tener que solventar las tareas domésticas en un idioma y una cultura desconocidos. Sirva esta mención como reconocimiento y gratitud a su trabajo en el hogar.

COMPRAR UN PISO

La aspiración de buena parte de quienes apostaban por salir de España para conseguir mejoras económicas era comprar un piso. Estar un tiempo en el extranjero, ganar mucho más dinero del que conseguían en sus trabajos y regresar para adquirir una vivienda propia. Se trata de personas que, evidentemente, emigran por motivos económicos, pero no siempre acuciados por casos de necesidad extrema como podían ser parados o campesinos que trabajaban en condiciones de extrema dureza cobrando un sueldo miserable.

«Mi padre nos compró un piso cuando nos casamos, pero mi marido tenía la idea de que lo pagásemos nosotros. Aunque teníamos trabajo, decidimos salir al extranjero y aceptamos una oferta del IEE para irnos a Suiza con un contrato de seis meses para trabajar en la hostelería. Pensamos que durante ese tiempo podríamos buscar un trabajo más acorde a nuestros intereses». Y lo consiguieron. Cumplieron el contrato en el trabajo que habían utilizado como puente para emigrar y buscaron mejores oportunidades, tras una experiencia bastante dura en el hotel donde habían trabajado. Elena fue contratada en el colegio Pestalozzi y José consiguió trabajo como delineante en una fábrica de la marca Bosch, en el entorno de Lausana. A partir de entonces, todo fue mejor. «En un año reunimos el dinero suficiente para pagar el piso. Los sueldos eran muy buenos. Al tiempo decidimos comprar un piso más grande y amueblarlo al completo. Al regresar a España nos instalamos en él». De aquella etapa guardan muchos recuerdos, pues Elena es aficionada a la fotografía y poco después de llegar a Suiza se compró una cámara. En las imágenes tomadas en sus trabajos podemos ver a José con una bata blanca trabajando de pie, frente a una mesa de arquitecto con un gran tablero blanco inclinado, mientras marca un plano con su lápiz. El retrato de un profesional, una estética bastante alejada de las imágenes de trabajadores emigrados más conocidas. Otra de sus fotografías nos muestra el entorno laboral de Elena, las cocinas del colegio Pestalozzi, con unas enormes máquinas de tipo industrial para poder cubrir las necesidades de toda la población del centro educativo. Al lado de las máquinas aparece José, su hijo mayor, que pasaba muchos ratos allí. «Me permitían tener al niño en el trabajo. Él estudiaba en el colegio del pueblo, en Morgues, porque en el que yo trabajaba era para niños con problemas de adaptación, exclusión social y educación especial. Tenerlo conmigo me facilitaba bastante las cosas». Otro tipo de conciliación.

Luis tenía familia en Luxemburgo, sabía que ganaban un dinero muy superior al que se pagaba en España. Quería comprar un piso y sabía que pasando un tiempo en el extranjero podría conseguirlo. No pensó en una estancia prolongada, solo en trabajos temporales, otro tipo de oportunidad para prosperar. Trabajaba como albañil y como tal se ofreció para trasladarse a Luxemburgo. Su primer contrato fue para trabajar en una obra hasta que se completase la construcción. Ocho meses fuera de casa y regreso a España. Vuelta a la normalidad hasta otra nueva ocasión, que se presentó otra vez en forma de contrato de ocho meses. Al regresar, Luis comprueba que los 16 meses que ha pasado en el extranjero le bastan para adquirir la vivienda que necesitaba. Jugada redonda.

Antonio acababa de dar la entrada para un piso gracias a los sobresueldos que cobraba y, de repente, en la fábrica textil en la que trabajaba comienzan a recortar los turnos y reducen las horas extras. Todos los complementos que cobraba desaparecen y la propiedad del piso parecía desvanecerse. Contacta con los amigos que tenía en el extranjero y cuando llegó la oferta para trabajar en Suiza no lo pensó un instante. Acostumbrado a doblar turnos y hacer horas extra, en Suiza estuvo pluriempleado, compatibilizando varios trabajos de mañana, tarde y fines de semana para multiplicar sus ingresos. Tras pagar por completo la hipoteca, decidió permanecer más tiempo en el extranjero y al regresar del país helvético no solo tenía un piso, había comprado también una vivienda a cada uno de sus dos hijos.

HORA DE COMER

Las fotografías de emigrantes comiendo forman uno de los grupos más numerosos y significativos de los archivos gráficos analizados. Es lógico pensar en las fotografías que se hacen para inmortalizar una comida familiar o entre amigos. También en aquellas cuyo origen es una celebración de cualquier tipo: cumpleaños, aniversario de boda, comidas navideñas, etcétera. En ese caso estaríamos hablando de fotografías que pertenecerían al grupo relativo al ocio y tiempo libre. Pero he aquí que en este numeroso grupo de fotografías encontramos también otras muchas que no son tan habituales. Comidas en el trabajo, durante los viajes, en parques y jardines, en patios de vecinos... comidas que por su localización y significación responden a motivaciones diferentes, tienen un significado especial.

Al ser preguntados por la proliferación de fotografías alrededor de una comida, la gran mayoría responde de forma similar: «Cuando queríamos juntarnos organizábamos una comida»; «Era nuestra forma de celebrar, haciendo una comida»; «Pasábamos tanto tiempo con compañeros de trabajo y vecinos que lo normal era comer juntos en cualquier ocasión».

Esas declaraciones explican la gran cantidad de fotografías en las que vemos encuentros y celebraciones alrededor de una mesa. Pero, cómo justificar aquellas que se hacían en el mismo puesto de trabajo, un bocado rápido sin apartarse de la cadena de montaje para no perder tiempo. Y qué decir de otras en las que vemos a un grupo comiendo a las afueras de la fábrica donde trabajan, sentados en unas cajas de madera, o a las puertas de los barracones donde vivían, dentro del recinto de la planta empresarial. ¿Cuál es la motivación para retratar esos momentos? También se suman a este interrogante aquellas en las que se les ve comiendo apiñados alrededor de una pequeña mesa en los dormitorios comunitarios, mientras otros esperan su turno para sentarse a comer. Son imágenes que demuestran la incomodidad del día a día, entonces ¿por qué retratarlas?

Se trata de imágenes llamativas, fotografías que no son habituales en los álbumes de recuerdos, pero que en el caso de los emigrantes abundan con numerosos y variados ejemplos. La explicación se sintetiza en dos afirmaciones que agrupan el sentir general de los entrevistados. La primera de ellas hace referencia a la rutina de fotografiarlo todo, al hábito de conservar imágenes de su estancia en el extranjero. Una explicación similar a la que despliegan cuando justifican las fotografías de las labores domésticas. Esa necesidad de conservar un diario de su vida como emigrantes, incluyendo los actos cotidianos. La segunda implica una carga de profundidad. Son menos los que hacen referencia a esta cuestión, pero parece trascendental. Algunos reivindican en estas imágenes el peso de su generación, los niños que sufrieron los «años del hambre», y tras una infancia y una juventud llena de penurias llegan a un momento en el que no carecen de alimento, pueden comer en cualquier momento: en casa, en los bares, en el trabajo, mientras viajan. Comer para ellos es causa de alegría y las alegrías se retratan.

De una forma o de otra, atendiendo a los testimonios recabados. Por la gran variedad de fotografías que muestran algo tan cotidiano como el acto de alimentarse. Y por la gran cantidad de imágenes de este tipo localizadas, las fotografías de las comidas merecen un apartado propio.

HACER UNA PAUSA

El tiempo se detiene y se aparca el trabajo. Los compañeros de Gaspar están trabajando en la obra, pero hacen un alto para tomar un refrigerio. No abandonan su puesto, alguno incluso toma la bebida encima del andamio, pero todos son retratados en la pausa para la comida. Ángeles posa con sus compañeras de la planta industrial en la que trabaja. Están en el exterior, rodeadas de cajas de embalaje y han levantado su bebida para brindar frente a la cámara. Pedro está delante de la cadena de montaje, sentado en su puesto de trabajo. Sin despegarse del asiento, come un bocadillo. Alguien le hace una foto y Pedro sonríe, sabe que le han pillado in fraganti. Juan y sus dos compañeros aparecen vestidos con el mono de trabajo en la fábrica, acaban de terminar de comer y él reemprende la faena sin moverse del sitio. No mira a cámara, otro de sus compañeros sí lo hace, mientras que el tercero echa el último trago de una bota de vino, un recipiente que aparece en múltiples fotografías. Todas estas imágenes forman parte del ritual de la pausa en el trabajo, la hora de comer o un tentempié disfrutado de unos minutos de descanso. A veces sin despegarse del puesto de trabajo y en la mayoría de ocasiones en rincones que no estaban habilitados para comer (patios, escalones de acceso a la puerta de entrada, largos pasillo, almacenes, escaleras…), las imágenes se repiten: compañeros que comparten un momento de pausa para almorzar.

Mención especial merecen las comidas en el campo en plena faena agrícola, una estampa que era típica en los cultivos andaluces, pero que aquí no solía ser fotografiada. Una postal significativa es la de Antonia Carrasco, trabajadora en una plantación vitivinícola de Nimes. Se trata de imágenes en formato cuadrado, en color, procedentes de una Kodak Instamatic. En esta ocasión, como en tantas otras, se pretendía inmortalizar un día de faena, y la comida junto a las vides formaba parte de ello. Los tonos ocres del impresionado en papel (junto a la acción del paso del tiempo), los logrados encuadres y el paisaje de los viñedos, junto al naturalismo de las escenas, dotan a estas fotografías de un simbolismo mágico.

En otras ocasiones las imágenes de comidas en el trabajo se hacen en los comedores que algunas empresas disponían en sus instalaciones. Sean fábricas, plantas industriales, empresas o edificios públicos, de un país a otro la imagen se repite. Largas mesas rectangulares donde grupos de emigrantes recuperan fuerzas para proseguir la tarea. Generalmente grupos de 10, 12 o 14 hombres. A veces aparecen caras de cansancio, pero rara vez encontramos gestos serios. Lo habitual son las sonrisas y mirada directa a cámara, vasos y botellas levantadas para brindar frente al fotógrafo. Aunque fuera la parada en el trabajo, esas comidas también eran un momento para festejar.

PLATOS Y LITERAS

Los dormitorios de viviendas comunitarias servían habitualmente de comedor para los emigrantes que compartían estos espacios en barracones y residencias. Los reducidos habitáculos obligaban a compartir habitación, no siempre en las mejores condiciones, pero eso no era obstáculo para retratar el momento de la comida.

Manuel aparece de pie junto a unos compañeros, mientras otros tres están sentados a la mesa. Detrás de ellos las literas, las taquillas metálicas que hacían las veces de armarios y las maletas apiladas encima de ellos. Una estampa que vemos en repetidas ocasiones. Domingo está sentado junto a dos compañeros en la residencia que la empresa ha habilitado para sus trabajadores. La mesa está situada entre dos camas, no hay literas, pero el espacio multiusos (dormitorio y comedor) es similar a los demás. Han terminado de comer y posan frente al fotógrafo. Es la hora del coñac, una estampa de sobremesa habitual en muchas imágenes de este tipo. La fotografía está destinada a la familia, por eso uno de ellos ha puesto una foto de una niña (su hija, probablemente) apoyada sobre la mesa, de pie frente a la cámara, para que se vea bien y sepan en casa que la tiene muy presente.

En otra residencia aparece Elio junto a sus compañeros. Comparten un arroz en un perol, no hay platos, todos se sirven de él. Acompaña la comida una fuente donde se encuentra la ensalada y un plato grande que contiene una barra de pan cortada en trozos. Dos hombres sentados en sillas y otros dos sentados en una cama. La mesa muy pegada a esta para que los que están sentados sobre el lecho puedan comer. El más joven bebe de una bota de vino, mientras el que está en el centro de la imagen levanta la botella de cerveza en un supuesto brindis frente a la cámara, pero no sonríe. Elio tampoco. No hay alegría en sus rostros, más bien cansancio y resignación. La fotografía no transmite una sensación positiva. Es una de las pocas en que sucede así.

QUEDADA EN CASA

Rafael afirma que «los solteros salían más y los casados preferíamos quedarnos en casa. Nosotros organizábamos comidas los días libres y alguna cena los fines de semana. Cada vez en casa de uno. El que la organizaba preparaba la comida, aunque todos solían llevar algo para compartir. Cuando alguien traía un paquete con comida de casa, chorizos y morcillas de la matanza del pueblo, naranjas y dulces caseros, hacíamos una reunión para festejar y compartir. Los embutidos los metíamos en latas de conserva que volvíamos a sellar y así pasábamos la aduana sin problema». En estos casos la iniciativa que promovía la fiesta no era un cumpleaños ni una festividad marcada en el calendario, era la comida en sí; el festejo era degustar los productos llegados de casa. Conseguir embutidos del pueblo, naranjas del valle del Guadalquivir, vino y coñac de Jerez o los dulces caseros que se hacían por Navidad y Semana Santa, era motivo suficiente para organizar una comida con amigos y compartir las viandas.

Las naranjas están muy presentes en las comidas que vemos. Aparecen en casa de Josefa, en París, junto a otras frutas que pueblan la mesa. Uno de los asistentes está pelando una, mientras algunos comensales se han levantado de la mesa para no salir de espaldas en la foto. Una reunión de tres parejas y algunos niños. Algo similar sucede en casa de Antonio, en Villeurbanne. Es una reunión familiar, probablemente una celebración, ya que todos aparecen arreglados. Hombres con corbata, uno con una pajarita y uno de los hijos de Antonio, un niño, también con corbata. En esta situación llama la atención que la fotografía se haya tomado con la mesa puesta, los platos vacíos o con restos y algunos comensales tomando el postre. Es más, el personaje central está pelando una naranja y la monda cae larga sobre el plato sin cortarse, centrando toda la atención del espectador. Al igual que en la fotografía anterior, se ha interrumpido la acción para hacer la foto. Uno de los asistentes a la comida se ha levantado para coger la cámara y tomar una instantánea en un momento en el que se está desarrollando el acto de comer. No es el típico posado antes del almuerzo, con la mesa bien puesta para que se vea la comida. Tampoco la parte final, con un café, una copa o un dulce para la sobremesa. Se trata de retratar el acto de comer y es obvio que hay una intencionalidad en ello.

AL AIRE LIBRE

En el Bois de Boulogne, el parque más grande de París, Ricardo y Visitación pasan la tarde junto a su hija Celia y los abuelos. Junto a ellos está Maruja con sus tres hijos, José Luis, Richard y François, mientras el padre de estos tres pequeños inmortaliza el momento. Es un pícnic en un parque poblado de parisinos y lleno de niños que juegan. Los pequeños de la foto comen, el abuelo también y Maruja alimenta a su bebé con un biberón. La familia se impregna de las costumbres parisinas y la comida en tiempo de ocio al aire libre es una de ellas.

También aparecen celebrando comidas al exterior los ocupantes de una casa vecinal en las afueras de París, que bajan al patio comunitario para comer en compañía. Al igual que Agustín y Vicenta, aunque en este caso el patio de la vivienda es privado. Un pequeño espacio al que asisten amigos y en el que celebran el cumpleaños de los hijos, según vemos en varias fotografías.

Otras veces queda registrada la parada en el camino, con el coche cargado de regalos para repartir con familiares y amigos durante un retorno estacional. Pedro y su familia aparecen abrigados en una zona montañosa. Alguna nieve asoma en las inmediaciones. Al borde de la carretera aprovechan para recuperar fuerzas. Cualquier sitio es bueno para tomar algo. Cualquier sitio es bueno para hacer una foto.

TIENDAS ESPAÑOLAS

En las casas de los emigrantes no faltaban los productos típicos de la gastronomía española, independientemente de la llegada de paquetes con comida que provenían de España. Así lo comprobamos en las fotografías donde se les ve comiendo chorizo y morcilla, cocinando pucheros, migas o gurullos, y bebiendo vino, coñac y anís cuyas etiquetas revelan su procedencia andaluza. También se puede comprobar viendo el listado de tapas y comidas que aparecen en las pizarras de los centros españoles, en diversas fotos.

El abastecimiento provenía de tiendas de ultramarinos regentadas por españoles. No eran muchos los establecimientos comerciales que los emigrantes administraban en el extranjero. Al contrario, el objetivo era ahorrar lo suficiente para regresar a casa y emprender un negocio. Pero existían en localidades que contaban con un alto número de población española. Además de los bares regentados por españoles (dentro y fuera de los centros y casas de España), de sobra conocidos por quien se haya acercado a estudiar un poco el fenómeno de la emigración, existían tiendas de alimentos con productos procedentes de nuestro país. Una información más detallada la aportan Natividad y José, recordando cómo se organizaban en el bar del centro español de Hanau. «Comprábamos en las tiendas españolas. Traían productos de España y había casi de todo lo que necesitábamos. Lo más demandado era el jamón, queso, garbanzos, habichuelas y arroz. De las bebidas lo que más comprábamos era vino y coñac, porque las cervezas las comprábamos alemanas».

La proliferación de estas tiendas en las poblaciones donde había un importante núcleo de españoles estuvo en paralelo con la apertura de más bares en estas localidades, establecimientos de hostelería que aprovechaban la disponibilidad de productos españoles. Bares que se convertían en el epicentro de la vida social de los emigrantes y en numerosas ocasiones nacían como el centro español de la localidad. En Alemania se constituyeron en numerosas ciudades, desde pueblos pequeños a las grandes localidades industriales. También fueron habituales en los barrios que albergaban población emigrante, como las afueras de París y el barrio de Les Marolles, en Bruselas, con numerosos establecimientos hispanos en la rue Haute y la rue Blanche.

CHAMPÁN Y OTROS MANJARES

«Ángel, para que veas cuando tomamos el champañe (sic) el día de año nuevo. 1967», puede leerse en la anotación escrita detrás de la foto. En la imagen aparece un grupo de diez personas, son emigrantes en París. Todos tienen un vaso en la mano y uno de ellos se encarga de rellenarlos con una botella de champán, mientras otra botella a medio vaciar reposa sobre la mesa. Todos miran a cámara, un brindis simbólico con quienes van a recibir la imagen en España. Tan centrados están en esa acción, que un niño acude a la mesa y coge el vaso que porta una mujer, está a punto de quitárselo con un gesto que revela la intención del crío de probar eso que beben los mayores.

El champán aparece en las mesas de los emigrantes en numerosas fotografías. No solo en Francia, como en la imagen anteriormente comentada, sino en todos los destinos europeos. Fotografías de Ángela, Agustín, Vicenta, Josefa, Manuel, Antonio, tomadas en Alemania, Francia, Bélgica y Suiza muestran reuniones y comidas que culminan descorchando una botella. Muchos descubren por primera vez esta bebida y la incorporan a sus celebraciones de manera inmediata. Incluso en las fotografías de comidas celebradas en las misiones católicas aparecen botellas de champán y algunos religiosos brindando.

Se popularizó tanto el espumoso francés que algunos lo traían como regalo a casa. Contaba Dolores que su novio, el primer año de estar en Alemania, trajo una botella de champán para regalársela a sus padres, quienes la guardaron para abrirla en Nochebuena. Cuando este regresó de nuevo al pueblo, en las vacaciones de verano, preguntó a sus suegros por el regalo y recibió la siguiente respuesta: «Mira, no te enfades, pero el vino lo hemos tenido que tirar. Al abrirlo hizo un montón de ruido y lo único que salía era espuma. Se había puesto malo». Una anécdota para ilustrar el choque cultural entre la campiña andaluza y las refinadas costumbres europeas.

Otros comentan sobre los gustos alimenticios adquiridos en los países a los que habían llegado, recordando el descubrimiento de productos que desconocían o la impresión que les causaban. Carmen reconoce que se quedaba fascinada cuando iba a comprar al supermercado. «Trabajaba en casa de unos señores mayores adinerados, en el centro de París. Cuando iba al supermercado para hacerles la compra me quedaba embobada mirando la gran cantidad de quesos que había. En realidad, me asombraba la gran variedad que había de todos los productos. Una vez probé el queso *brie* y me encantó, nunca había probado uno tan cremoso. Desde entonces, lo compraba habitualmente. No podía permitirme muchos caprichos, pero ese era uno de los que me daba de vez en cuando», comenta divertida.

También fascinados por el queso, por los múltiples tipos de queso que conocerán, confiesan haberse sentido muchos de los entrevistados. Sobre todo los que estuvieron en Francia, Holanda y Suiza. Alguno de ellos recuerda que empezó a imitar la costumbre de los franceses y lo tomaba como postre.

En Holanda conoció el queso de bola María, aunque esa no fue su perdición. También descubrió allí la chispa de la vida, el refresco de cola que probó en Ámsterdam por primera vez y se convirtió en parte fundamental de su dieta. Al comentar la fotografía que le hicieron en Barajas a su regreso en avión, donde se le ve con un vestido ajustado cuya falda queda por encima de la rodilla, recuerda lo delgada que se fue y la diferencia con la fotografía que tiene entre las manos. «Engordé una barbaridad, sobre todo los últimos años. Estaba bebiendo Coca-Cola todo el día. La había visto en mi pueblo, pero tomar refrescos era algo que solo hacían unos pocos, estaba alejado de mis posibilidades. En Ámsterdam la tomaba en todas las comidas. ¡Así me puse!». Una prueba más del cambio operado en los emigrantes: incorporar a su vida cotidiana algo que antes les parecía extraordinario, inalcanzable, aunque no fuese un producto de lujo.

José conoció las angulas en Alemania trabajando de camarero en un restaurante. «Atendía la barra y un día, cuando salía del turno, me llamó un compañero de la cocina y me ofreció: ¿Quieres probar los gusanos? Me lo dijo para ver mi reacción, pero yo no lo dudé un instante, cogí la cuchara y comí. Me pareció una maravilla». A partir de entonces, en las noches que dedicaba a salir de fiesta, a los mariscos que consumía añadió las angulas. Confiesa que su partida a Alemania fue para cambiar de vida en el sentido de ganar dinero para disfrutar, no tenía en mente formar una familia, reconoce tener un concepto hedonista de la vida. Cuando alguno de sus compañeros o familiares le advertía del precio de las angulas, respondía: «¿Para qué está el dinero, para gastarlo, no?».

LABORES DOMÉSTICAS

¿Qué lleva a una persona a fotografiarse planchando? ¿Qué motivación puede animar a que te hagan una fotografía fregando los utensilios de cocina? ¿Por qué inmortalizar acciones como lavar la ropa a mano? Y ahora viene la pregunta clave: ¿Por qué esas fotografías forman parte fundamental del álbum de los emigrantes? Teniendo en cuenta que se trata de personas cuyo día a día transcurre, digamos, de manera no muy cómoda, que son personas cuya economía doméstica no está en condiciones de facilitarles un nivel de vida desahogado y que la atención a las tareas domésticas implica un esfuerzo mayor, dentro de una vida ajetreada presidida por horarios extremos (incluyendo turnos de noche y horas extra), trabajos en los que prima el desgaste físico y –en numerosas ocasiones– el pluriempleo, este interés por retratar cuestiones domésticas tiene difícil explicación.

Sin embargo, las imágenes que retratan acciones de la vida cotidiana en las casas, las labores domésticas, ocupan bastantes páginas en los álbumes de fotografías de los emigrantes. La elaboración de la comida, poner la mesa, planchar, fregar… incluso atender la correspondencia, una ocupación que se convierte en tarea doméstica principal de quien vive a miles de kilómetros de sus seres queridos, forman parte de este club.

La motivación principal para hacer este tipo de fotografías responde, una vez más, a la necesidad de plasmar en imágenes su periplo migratorio; todo lo que les suceda en su estancia fuera de España. Esa necesidad imperiosa que tienen los emigrantes de elaborar una especie de diario de esa etapa de su vida. Una vez más se constata que la necesidad de escribir su relato, de anotar su día a día, les lleva a dejar constancia, mediante una prueba material, de su vida como emigrantes. Ese compromiso se cubre con imágenes, fotografías a modo de páginas escritas para documentar todo lo que les ha sucedido, incluyendo la vida cotidiana. Los emigrantes escriben con imágenes, bien forzados por unas carencias básicas de alfabetización, bien porque el descubrimiento de la fotografía les proporciona una herramienta de gran utilidad para conseguir su objetivo: «redactar» la crónica de la emigración.

En estas imágenes, que pueden ser juzgadas con ligereza, se encuentra la piedra de Rosetta de la historia de los emigrantes, pues ofrecen múltiples lecturas en un análisis más profundo. En un primer visionado no dejan de ser hombres y mujeres cocinando, fregando ollas y utensilios de cocina o limpiando la casa. Eso es lo que vemos, pero nos dicen mucho más.

Trabajadores españoles que comparten vivienda se muestran colaborando en las labores del día a día: nos muestran el compañerismo. Mujeres que cocinan en un hornillo eléctrico apoyado en el suelo y hombres que friegan una cacerola en un lavabo: nos muestran las enormes carencias de las viviendas que ocupaban. Hombres que lavan la ropa en fregaderos comunales: nos revelan que la falta de equipamientos implica para muchos de ellos la pérdida de intimidad. Protagonistas que sonríen aunque la tarea que están realizando les obliga a un sobreesfuerzo: ratifican que el objetivo del emigrante es ganar dinero y ahorrar, aunque sea a costa de vivir en unas duras condiciones. Es decir, este grupo de fotografías aporta una información nada anecdótica, pues no se trata de imágenes triviales que relatan rutinas caseras, sino de documentar, una vez más, todo lo que les acontece en su vida como emigrantes. El trabajo, los viajes, los compañeros y la vida social son temáticas que podemos imaginar como parte fundamental del álbum de la emigración y quienes se han acercado a este fenómeno han tratado esas imágenes como un pilar fundamental para su estudio. Pero tanto o más relevante es esta colección dedicada a lo cotidiano, al día a día, a la vida doméstica. De aquí extraemos importantes apuntes personales y colectivos, así como una valiosa información sociológica.

A veces divertidas, a veces las más duras de la colección, representan un buen ejemplo para atestiguar que el relato de los emigrantes constituye una fuente documental que abarca hasta el último detalle de sus vidas, una narración completa de su historia.

GRANDES ESPERANZAS, CASAS PEQUEÑAS

Dos hombres trabajan codo con codo (nunca mejor dicho, por las estrecheces de la habitación que comparten) en la cotidianidad de las tareas domésticas. José Peña mira a cámara mientras plancha. Junto a él aparece uno de sus compañeros, lavando una olla en un lavabo. Éste aparece de medio lado, sin mirar al fotógrafo, aunque se intuye que no es ajeno al momento que protagoniza. Los gestos y las miradas revelan que la fotografía es un posado, si bien se diferencia de los retratos que enviaban a la familia para mostrar que se encontraban bien, en que aquí el objetivo principal de la imagen no son las personas, sino las acciones que están realizando. Representa una realidad cotidiana y nos aporta mucha información. Son hombres que, probablemente, no realizaban esas labores antes de emigrar (madres, en el caso de los solteros, y esposas, en los casados, solían ocuparse de la práctica totalidad del trabajo doméstico) y ahora las hacen sin complejos; es más, se muestran orgullosos de ello. Las condiciones de trabajo no son fáciles. El pequeño espacio donde se desenvuelven no es cómodo ni para uno ni para otro, no es propicio para desarrollar ninguna de esas tareas, menos todavía para hacerlas a la vez. Pero ambos presentan gestos amables, esbozan una sonrisa, más amplia en José, que mira a cámara con cierto aire de satisfacción.

La fotografía nos habla de compañerismo, de compartir tareas, de ayudarse en la convivencia diaria. Nos habla de las dificultades, esas estrecheces que –según confiesan– se superan mejor en compañía que en soledad. Hay muchas fotos de grupo en la vida de los emigrantes: compañeros de trabajo realizando tareas y posando en el entorno laboral; amigos retratados en lugares de reunión y en momentos de ocio; familiares en casa y en excursiones; etc. Pero ninguno de esos modelos transmite el compañerismo y la pertenencia al grupo como esta tipología, que muestra a los emigrantes compartiendo tareas domésticas en condiciones de habitabilidad adversas. Compañerismo entre quienes no habían cocinado o cogido una plancha en su vida. Compañerismo entre personas que no se habían conocido hasta encontrarse en un país extranjero. Compañerismo entre quienes necesitan sumar fuerzas para vencer a la adversidad, aunque sea en el terreno personal, en el ámbito más íntimo. Cuando la familia de José aportó las fotografías, el protagonista de la imagen comentaba: «Compartía habitación con otro compañero en una residencia en la que había muchos españoles, pero también gente de otras nacionalidades, entre ellos yugoslavos. Recuerdo que otros compañeros se pusieron enfermos y, como no tenían a nadie allí, yo les cocinaba y les llevaba comida. Me hinché de cocinar en ese tiempo. Creo que ellos hubieran hecho lo mismo por mí».

En las fotografías que muestran imágenes de tareas domésticas realizadas por matrimonios que tenían alquilados apartamentos también aparecen estancias pequeñas, las estrecheces (palabra que usan la mayoría de entrevistados) que declaran haber pasado algunos de los trabajadores andaluces emigrados, no solo en referencia a las necesidades y privaciones que vivieron, sino también respecto a las pequeñas viviendas que habitaban. Pero también encontramos casos en los que llegaban a conseguir apartamentos amplios, con varias habitaciones y bien equipados.

Sacramento prepara unas migas en la cocina de su vivienda. Sujeta la sartén con las dos manos sobre la gran placa metálica encastrada en lo que parece ser una cocina. Pero no se trata de un electrodoméstico conectado a la red eléctrica o alimentado por gas, sino de una cocina calefactora de leña y carbón, tan típica en los hogares alemanes en aquellas fechas (incluso hoy día se siguen utilizando en muchas casas en Alemania y otros países centroeuropeos). Un mueble metalizado blanco, que expulsa los humos por un canalón que asciende hasta el techo, muy similar al que vemos en muchas de las fotografías de otros emigrantes. Ese fogón, que ocupa la esquina de la cocina, colocado de forma que cubría el rincón, junto a una mesa cubierta con un hule, era el preferido por Sacramento para guisar las migas, según recuerda su hija Ángela. En este caso el problema no era el espacio, todo lo contrario, pues la cocina era amplia y estaba bien dotada. «Teníamos una buena casa y la cocina era grande (cuenta Ángela), en ese rincón estaba la calefacción de carbón, un aparato que también era utilizado como cocina y enfrente teníamos los fregaderos y una cocina eléctrica que era donde hacíamos la comida habitualmente. Pero mi madre prefería hacer las migas sobre la plancha de la calefacción, no sé por qué, pero allí se ponía con su sartén y la paleta». Sobre la fotografía, al objetivo de documentar de manera gráfica el día a día de su vida como emigrantes, añade Ángela en su comentario la intención de dejar testimonio de que conservaban sus costumbres, las tradiciones andaluzas, como hacer unas migas en una sartén sobre un fuego de madera o carbón. Una tarea, la de cocinar, en la que está muy presente el recuerdo de la tierra de origen. Unas migas al estilo andaluz. Las paletadas en la sartén. Un aroma familiar que transforma el apartamento de alquiler en un verdadero hogar.

LOS BARRACONES

La primera conclusión que se extrae al contemplar la mayor parte de las fotografías que muestran las labores del día a día en el hogar, es que reflejan las carencias y el pequeño tamaño de las viviendas que ocupaban. Así sucede en la mayoría de los casos y, sobre todo, en las fotografías tomadas en los primeros años de emigración, a su llegada al extranjero. Eso cuando eran habitaciones y apartamentos alquilados. Un segundo nivel encontramos cuando se trataba de barracones para trabajadores, donde –además– la palabra intimidad era borrada nada más traspasar la puerta de acceso.

Luis friega una olla en un lavabo y en otra fotografía le vemos peinándose junto a ese mismo lavabo, mirándose en el espejo que hay sobre él, lo que nos induce a pensar que es la única fuente de agua de la que dispone en su vivienda. Elio lava ropa en los fregaderos de la cocina comunitaria en los barracones donde vivía. Ese tipo de fregaderos de cocina, dispuestos para limpiar ollas, sartenes y otros utensilios similares, son usados también para lavar la ropa, según atestiguan otras muchas fotografías. Espacios, infraestructuras y mobiliario multiusos. Habitaciones y equipamientos que sirven para todo. Necesidades y carencias que se superan con ingenio y esfuerzo. El día a día retratado, a pesar de todo.

En otras viviendas comunitarias que las grandes empresas, sobre todo en Alemania, destinaban a los trabajadores invitados, había unas estancias comunes que contaban con los medios necesarios para el desarrollo de la vida doméstica, aunque fuera de forma compartida. Juan aparece de perfil en la foto, vestido de forma sencilla y cubierto con una gorra. Está frente a una pila de obra que dispone de dos lavaderos y dos grifos y se encuentra situada en un rincón, en un espacio alicatado hasta media altura de la pared. Mira fijamente la camisa que está lavando, muy concentrado en la acción que desarrolla, sin preocuparse en absoluto del fotógrafo que lo retrata. A su derecha, apoyadas en el borde de la pila, aparecen más prendas y debajo de ella, en el suelo, lo que parece ser un barreño de plástico para transportar la ropa. A su izquierda hay una caja pequeña de detergente de la marca *Omo*, muy popular en esos años. «Blancura incomparable. El producto ideal para lavar», rezaba la publicidad de este detergente en un anuncio que veían los españoles en 1956 y que se abría con la frase «¡Viva lo blanco!».

Curiosamente, también vemos una caja de este detergente en una imagen en la que Josefa aparece lavando la ropa, en el patio comunitario de la vivienda que ocupaban un buen número de españoles en París. Josefa está inclinada sobre un barreño de plástico que descansa directamente en el suelo. Frota la ropa sobre una tabla de madera que imita la rugosidad de las pilas lavanderas, apoyándola contra sus rodillas. Guantes de goma para protegerse del detergente, delantal que preserva de las salpicaduras y una postura que debe proporcionar buenos dolores de espalda. Pero Josefa mira a cámara y sonríe, no hay ni un atisbo de molestia en su rostro. El conjunto se completa con otro barreño de plástico, más pequeño, con ropa en remojo y uno grande de zinc dispuesto sobre una pequeña estructura de madera. Detrás de ella, en el suelo a su izquierda, aparece el detergente *Omo*, un nexo de unión entre emigrantes andaluces, un cordobés y una sevillana, que estaban en dos países diferentes a 500 kilómetros de distancia.

Otro elemento común, el barreño, lleva Antonio en su mano derecha, apoyado en la cadera, mientras en la izquierda porta una pastilla de jabón. Se encuentra en un espacio abierto, un patio o una terraza, y posa mirando a cámara, sonriendo. Va vestido con un pantalón y una camiseta interior de tirantes, ropa de faena casera, en una época en la que el clima de la Alta Saboya francesa le permitía salir así al exterior.

En lavaderos, en fregaderos, en barreños; en interior, en exterior; emigrantes procedentes de diversos puntos de Andalucía; asentados en Alemania, Francia y Suiza, se fotografían en plena faena doméstica para inmortalizar acciones que –probablemente– jamás hubiesen retratado en España. Una prueba más de la necesidad de documentar de manera gráfica el periplo como emigrantes.

La vida en los barracones de las fábricas era el destino para los recién llegados, generalmente hombres solteros y casados que habían dejado en España a la familia. En las industrias donde trabajaban muchas mujeres emigrantes también había barracones para ellas, separados de los de los hombres. La separación era tal que los matrimonios no podían alojarse juntos, ni compartir una habitación propia. Algunas parejas que se alojaban en el mismo recinto, las menos, venían casadas de España y otras se conocían en el país de destino y formalizaban su relación en un matrimonio que no hacía honor a la palabra unión mientras residían en esas instalaciones. Por tanto, la búsqueda de una vivienda propia era uno de los objetivos prioritarios. Esta opción se presentaba en forma de alquiler, bien de una habitación, bien de un apartamento. En el caso de los apartamentos era habitual, como sucedía en muchas ciudades europeas, que estuviesen ubicados en edificios destinados por completo al alquiler para emigrantes.

AL MAL TIEMPO, BUENA CARA

Esa era una de las frases más pronunciadas por Rafael para animar a sus compañeros cuando las condiciones de trabajo eran duras. Demuestra su resiliencia, la resistencia ante la adversidad y un optimismo que le impulsaba a seguir adelante. Como él confiesa al ser entrevistado: «nunca pensé en regresar porque la estancia en Alemania fuese muy dura, más duro era trabajar en el campo». Esa actitud también la incorpora a las condiciones de vida en su residencia, a veces más duras que las que se encontraba en el trabajo. Como comentaba Alfonso, un compañero de trabajo que también se alojaba en los barracones para trabajadores que la compañía había construido junto a la fábrica, «se está más calentito trabajando que en la habitación; el único momento del día que no paso frío es cuando estoy en la Farbwerke».

Aquellos barracones, una residencia como tantas otras que los alemanes construían junto a sus fábricas para alojar a los trabajadores extranjeros que incorporaban, se convertían en el hogar de algunos andaluces en Frankfurt. En las imágenes aparecen los emigrantes en las cocinas; estancias que al igual que en otras ciudades, según las fotografías comentadas, servían no solo para preparar la comida, sino que también eran utilizadas para lavar la ropa en los fregaderos comunitarios que –generalmente– ocupaban todo el lateral de una de las paredes. En otras fotografías aparecen los habitantes de estos espacios retratados en los dormitorios, estancias con literas donde además se aprecia el mobiliario, mesa, sillas y armarios, además de reproductores de cintas magnetofónicas, lo que indica que era el sitio habitual de reuniones, una especie de sala de estar con camas, donde Rafael posa junto a un compañero en otra fotografía. Esa disponibilidad multiuso de estas estancias, concebidas como dormitorios al disponer de literas, queda ratificada en otras fotografías, como las que muestran las residencias para jornaleros agrícolas en Perpignan. En ellas vemos a un grupo de seis hombres, cuatro sentados a la mesa, comiendo, y dos de pie. Sobre la mesa dos ollas metálicas, cuatro platos y algunas botellas. Los emigrantes comen y beben mientras el que está de pie junto a los comensales apoya su mano sobre la litera que está detrás, pegada a la pared, y parece estar en conversación con ellos. Más alejado, en un rincón al final de la habitación, aparece el sexto personaje, ajeno a la acción pero mirando al resto. Está junto a otro grupo de literas y a su derecha hay un armario sobre el que se ven apiladas varias maletas cubriendo el hueco hasta casi alcanzar el techo. La estancia no parece ser pequeña, pero al tener tanto mobiliario y objetos acumulados el espacio escasea. Literas, mesas, sillas, maletas, aparatos de música y cajas comparten la misma habitación, un lugar que no está destinado a un solo uso, como es habitual en los barracones, sean franceses, alemanes o de cualquier otro país.

En otras ocasiones, el alojamiento no llega ni a la categoría de barracón. Diversos inmuebles fueron adaptados para poder incorporar de forma inmediata la mano de obra que llegaba en oleadas a trabajar a estos países. Algunos emigrantes cuentan que su primer alojamiento en Nuremberg, a principios de los sesenta, fue en unos antiguos establos reconvertidos en viviendas comunitarias. A otros les esperaba otro tipo de «vivienda», unos vagones de tren habilitados como alojamiento provisional. La foto está tomada en Kassel, una histórica ciudad del centro de la República Federal de Alemania. En ella vemos a un animoso grupo formado por seis hombres junto a las vías del tren. Están junto a un poste de electricidad, dos delante de la estructura metálica y los otros cuatro encaramados a ella, sonriendo, divirtiéndose mientras son retratados. De los dos que no han subido al poste, uno enciende un cigarrillo y otro posa como un torero utilizando su camisa como si fuese un capote. Tres aparecen con el torso desnudo, dos están en calzoncillos. Han salido de su vivienda para ser retratados y han optado por no vestirse. La vivienda aparece a la derecha de la imagen. Se trata de un vagón de tren que forma parte de un convoy estacionado en una vía muerta. Los vagones son de madera, pintados en su totalidad de verde oscuro, incluyendo techo y ventanas. La fotografía tiene algo de esperpento, pero también transmite vitalidad. Estéticamente la imagen tiene fuerza, presenta una buena composición y una gama de colores que se asemeja a aquellas películas de aventuras de la década de los sesenta. Recuerda a *La gran evasión*[38], aunque sus protagonistas distan mucho de parecerse a Steve McQueen, James Garner o James Coburn. Sin embargo, a pesar de estar recluidos, de vivir aislados en unas condiciones indignas, miran a cámara con seguridad y aplomo, y sonríen, como lo haría un actor profesional cuando el director grita «acción».

Una de las más significativas para analizar la actitud con la que se enfrentaban los andaluces a la vida en los barracones es aquella en la que vemos a Rafael llevando una olla, platos y un cazo por un pasillo, desde la cocina hasta la estancia donde comían: probablemente ese dormitorio que también servía de sala de estar, como hemos mencionado anteriormente. El

38. *The Great Escape* (John Sturges, 1963). Cuenta, en formato de aventuras, la historia de un grupo de prisioneros aliados en un campo de concentración nazi durante la II Guerra Mundial, que planifican una fuga masiva.

pasillo presenta unas paredes desnudas con manchas de humedad y suciedad, el suelo es de madera, desgastado y con algunas sombras, manchas que han sido absorbidas por los listones. Remata el decorado una tubería ancha, un desagüe que aparece desguarnecido junto a la pared, exento, sin embutir. Esos detalles son lo suficientemente significativos para hacerse una idea de las condiciones de vida en esas viviendas, pero Rafael sonríe, posa contento haciendo un malabarismo con los utensilios que transporta: la olla sujeta por el asa con una sola mano, manteniendo una perfecta línea horizontal paralela con el suelo, y sobre ella están los platos, la tapadera y encima el cazo. Nada tiembla, nada se cae y el cordobés sonríe. Al igual que hacía Josefa, lavando la ropa en unas condiciones de gran dureza. Como la mayoría de emigrantes, al mal tiempo siempre le puso buena cara.

ROSTROS CANSADOS

La mujer aparece agachada, en cuclillas, haciendo un escorzo que dificulta aún más la postura. Con la mano izquierda sujeta una pequeña sartén que está sobre un hornillo eléctrico cuyas patas se apoyan directamente sobre el suelo, conectado a un enchufe por un cable que cruza la solería de la estancia. La mujer se encuentra junto a la puerta de acceso a una minúscula habitación de techo inclinado, una buhardilla parisina que sirve de alojamiento al servicio doméstico. Las trabajadoras españolas que habitan ese incómodo espacio están al servicio de acomodados parisinos, viven en el centro de la ciudad, en un entorno urbano privilegiado, uno de los más bellos del mundo, pero su situación está a años luz de la que gozan los otros habitantes del inmueble.

Se puede comprobar mirando detenidamente la foto, viendo las cajas de madera que están en el suelo y sirven de «mobiliario de cocina» para almacenar utensilios y alimentos. Sobre ellas aparece una cajita de un famoso queso francés, en el suelo hay botellas, bolsas, platos... la escena es desoladora. La mujer mira a cámara con gesto severo, rostro duro, aunque no parece molesta, quizá sorprendida. ¿La extrañeza de ser retratada en esas condiciones? ¿O es incomodidad? En todo caso, es una imagen para el recuerdo de carácter personal, una fotografía íntima, no es una imagen para enviar a los familiares en España. Es el recuerdo de una andaluza en París, trabajadora del servicio doméstico, que guardó esa foto como memoria del esfuerzo y de las penalidades que pasó junto a sus compañeras, pero también como recuerdo de la convivencia, del compañerismo y la ayuda entre emigrantes, cuya amistad mitigaba en parte las penalidades. No, no era una fotografía para enviar a casa a mediados de los sesenta, aunque posteriormente fuese enseñada con orgullo como ejemplo de lo que habían superado. Esa imagen se sitúa en contraposición a las mejoras obtenidas en París con el paso del tiempo y, sobre todo, en comparación a lo que habían conseguido al retornar. Un ejemplo más del mantra que repiten –casi todos– los entrevistados: sí, mereció la pena.

ESTA QUE TE ESCRIBE

Cocinar, lavar la ropa, planchar; conocemos de sobra las faenas domésticas. Como para la mayoría de los mortales, el día a día de una casa implica la realización de estas tareas. Pero en el caso de los emigrantes, a esta nómina se suma una acción más: llevar al día la correspondencia. Se hace necesario utilizar la expresión «llevar al día» porque nos referimos a una época en la que las cartas se convierten en el principal canal de comunicación para vencer la distancia con familiares y amigos que se han quedado en España. La correspondencia se establece de forma regular, una periodicidad que fortalece los lazos emocionales que no se podían mantener al romperse el vínculo directo, el cara a cara, el roce diario. Algunos de los emigrantes andaluces entrevistados hablan de rigurosidad en una correspondencia programada, con una periodicidad que depende de la necesidad vital de cada uno. Desde las cartas cada tres o cuatro días[39], que algunos confiesan haber escrito en los primeros meses de estancia para contactar con la novia que dejaron en el pueblo o la ciudad, a las cartas semanales que recuerdan la mayoría como pauta en sus tiempos de emigración. Aunque la regla más común –siempre según el grupo de entrevistados– es escribir cada quince días o una vez al mes, cuando llevaban ya un tiempo en el extranjero y había pasado la necesidad de comunicación fluida con padres y amigos en España. Otros, con más resignación, confiesan haber escrito «cuando se podía», pero escribían constantemente y ratifican que «era una obligación más, como cocinar o limpiar la casa»; formaba parte de la cotidianidad del emigrante. Cartas para las novias o novios, para los padres y familiares, y para los amigos. Tres tipos de misivas diferentes, según a quienes iban destinadas, y en cuya periodicidad también influye el grado de alfabetización de quienes las escribían y quienes las recibían.

Antonia aparece sentada frente a una mesa sujetando el papel con las dos manos y el bolígrafo entre los dedos de la mano derecha. Tras ella vemos la chimenea, cerrada por un cobertor

39. Tres días era la media que tardaba una carta en la década de los sesenta en llegar a su destino en el extranjero.

y sobre esta un espejo con un marco tallado en madera. También aparece un televisor sobre el que hay una antena portátil para recibir la señal. Todo muy junto, en un escenario en el que la protagonista aparece casi encajonada entre el mobiliario y los enseres mencionados. Pero no es un decorado austero, sino un rincón escogido para estar relajada, para realizar una tarea agradable, un rincón en el que se ven algunos signos de prosperidad, como esa televisión que no había llegado todavía a muchos hogares españoles. Lejos quedan las penalidades de los primeros tiempos y la dificultad de asentarse en la capital francesa. Antonia lee, repasa la carta que está escribiendo mientras junto a su mano izquierda reposa otro papel con las marcas de los dobleces muy evidentes; evidentemente, la carta a la que está dando respuesta.

La composición es perfecta: la protagonista en el centro, a su izquierda la chimenea y a su derecha el televisor; un encuadre cuidado. Antonia es el foco de atención, pero quiere dejar claro que dispone de un lugar cómodo para atender la correspondencia. La imagen de un hogar, el rincón favorito de la casa, el sitio escogido para leer y escribir las cartas. Nada es casual. La fotografía capta el mensaje y lo traslada a sus familiares, quienes se verán reconfortados al comprobar que las cartas que envían forman parte del día a día de Antonia. Un tiempo pausado, de calidad, para prestar toda su atención a la labor que desempeña. A pesar de ser un posado, la protagonista no mira a cámara, no levanta la vista del papel, lo importante es el repaso de la carta que está escribiendo, la tarea que está desempeñando. Ese es el objetivo de la foto.

Y esa es la clave, pues hay que diferenciar si quien protagoniza la foto son las personas que aparecen en ella o la acción que se retrata. En este caso, en el conjunto de fotografías estudiadas que muestran las labores domésticas como parte del día a día de los emigrantes, el objetivo principal son estas, las propias tareas. Las acciones se convierten en las protagonistas de las imágenes, del diario visual que conforma cada uno de los álbumes. Son las tareas las que componen y estructuran el relato.

También escribe Juan, probablemente a su novia que quedó en el pueblo mientras él viajó a Alemania para emprender una nueva vida. En la imagen aparece sentado a una mesa acompañado por un radiocasete, un aparato vital en las viviendas de los emigrantes, pero sobre todo para él, que declara abiertamente que la música y las actuaciones que hacía con su grupo le importaban más que su trabajo en una empresa automovilística. En la mano derecha el bolígrafo y en la izquierda un cigarro. Sobre la mesa diversos folios, un sobre con los bordes coloreados en rojo y azul, indicativo del correo aéreo, y encima de este la carta que contenía. El joven mira a cámara, el rostro aniñado y unas largas patillas, no hay duda de que se trata de un posado. Como en otras fotografías, no importa si responde a captar el momento de manera espontánea o preparada. Lo importante es que pretende ejemplificar una vez más una acción que se repite de manera constante en su vida cotidiana, ese momento habitual de escribir una carta, de responder a las que llegan desde España. Un acto frecuente. Una más de las tareas domésticas.

En este capítulo queda demostrado que las condiciones de vida que sufrieron los emigrantes afectaron notablemente a su día a día. Tanto las penurias que reflejan las fotografías (la habitabilidad de las viviendas, las malas infraestructuras, escasa dotación o la falta de mobiliario), como los logros obtenidos (tener vivienda propia o disponer de electrodomésticos que facilitaban las tareas domésticas) fueron retratados con intención evidente de dejar constancia de ello. Las imágenes nos aportan valiosa información sobre la rutina diaria, su normalidad como residentes en el extranjero. Apuntes sociológicos que nos permiten entrar en su círculo más íntimo para conocer aspectos de la emigración que parecían ocultos hasta ahora.

Como ya se ha indicado, se trata de acciones cotidianas y esa rutina puede hacerlas parecer triviales. Pero es la necesidad de inmortalizar en una fotografía esa cotidianidad, exponerla a la mirada de otros y conservarla como testimonio de una etapa decisiva de su vida, lo que determina su configuración como parte del relato, como un documento valioso, para nada trivial o anecdótico, de su estancia en el extranjero. Es lo que aporta un valor añadido, dejando de ser solo un recuerdo y convirtiéndolas en documento.

Quizá en este apartado, con la misión de fotografiar las labores domésticas, se presentan los emigrantes como verdaderos fotógrafos profesionales. Fotógrafos que son capaces de diseñar y componer una escena para reproducir una acción de su vida cotidiana. También poseen la mirada de un profesional que capta un instante, un momento de verdad que aprecian como importante y necesitan inmortalizar. Y con suma precisión retratan sentimientos para trasladarnos las emociones vividas, como el rostro duro de la mujer que cocina con un hornillo en el suelo o la sonrisa alegre de quien no le importa lavar la ropa en las condiciones más adversas. En ese sentido, el de fotografiar el día a día como testimonio de su realidad y captar las emociones que les provoca, cumplen la máxima de Carlos Pérez Siquier[40] para ser considerados verdaderos fotó-

40. Carlos Pérez Siquier fue un fotógrafo andaluz (Almería, 1930-2021) con una evidente mirada documentalista en su obra, a la que incorporó influencias vanguardistas. Miembro fundador del grupo AFAL, fue considerado uno de los renovadores del panorama fotográfico español desde mediados de los cincuenta. Decidió quedarse en su tierra natal, a pesar del prestigio adquirido

grafos, pues Siquier opinaba que un fotógrafo «debe ser testigo de su tiempo, pero no solo testigo, sino reflejar las ideas y los sentimientos que lleva dentro».

y las ofertas recibidas para trabajar fuera de Andalucía. Esa apuesta profesional la trasladó también al plano personal, en una reflexión que enlaza a la perfección con las fotografías analizadas: «Hay que partir de esas raíces para, desde lo local, tratar de llegar a lo universal».

VIDA SOCIAL

La vida en comunidad era parte fundamental de la existencia de aquellos trabajadores andaluces que partieron para buscar un futuro mejor. Las celebraciones entre amigos y familiares, las reuniones en locales comunitarios, las fiestas de Navidad, los partidos de fútbol, los disfraces en Carnaval o las excursiones en los nuevos territorios, todo fue retratado de forma que ha quedado constancia de que las actividades en compañía eran parte fundamental para quienes se hallaban lejos de su tierra. La vida en grupo se convirtió en uno de los apoyos para quienes habían partido solos y empezaban una nueva etapa en un hábitat desconocido. Los lazos afectivos se refuerzan y se comparte no solo el lugar de trabajo o la vivienda, sino también los ratos de ocio. Desde la rutina diaria a los motivos para celebrar.

En los álbumes de andaluces emigrados que han sido estudiados, se comprueba que buena parte de la colección se forma con los recuerdos de estas actividades comunitarias. Fotografías de celebraciones de diversa índole y de actos comunitarios de todo tipo se repiten y demuestran que las relaciones personales entre el colectivo era uno de los pilares más sólidos de su vida en el extranjero. Cumpleaños, festividades de origen español, partidos de fútbol de equipos integrados por emigrantes, fiestas de disfraces, reuniones en centros y casas de España, en bares y locales regentados por españoles, meriendas en parques públicos al más puro estilo europeo, reuniones en casas parroquiales, bailes y conciertos de grupos musicales formados en las ciudades de destino, partidas de cartas y otros juegos de mesa y, por supuesto, bodas, bautizos y comuniones fueron captados por una cámara una y otra vez.

LA RED ASISTENCIAL EN EL EXTRANJERO

Cuando las autoridades españolas decidieron crear el IEE para organizar los importantes flujos migratorios que habían detectado y coordinarse con los gobiernos de otros países para planificar la oferta y demanda de trabajadores, no tardaron en darse cuenta de que también era importante establecer una red asistencial en el extranjero. Esta red la integran las Casas de España, los centros e instituciones oficiales en el extranjero (embajadas, consulados, oficinas laborales, etc.) y los centros e instituciones religiosas. Además del personal de embajadas y consulados, jugaban un importante papel los asistentes sociales y el cuerpo religioso. Su función, según publica el propio IEE en sus informes, consiste «en la tutela permanente del emigrante en los más variados aspectos: sociales, laborales, jurídicos, religiosos, educativos, etcétera». También se subraya que en esta asistencia «cobra especial relieve la ayuda a la educación de los emigrantes y de sus familias, que facilita, cara al futuro, su reinserción y promoción social en la comunidad nacional».

En el informe de datos del IEE de 1975 encontramos cifras significativas sobre esta red asistencial. La comparativa entre sedes y personal muestra el peso del cuerpo religioso respecto al laboral y asistencial (basta con ver el número de capellanes respecto a los asistentes sociales en los tres países que recibieron mayor emigración: Francia, Alemania y Suiza), unos datos que se desglosan por países en el siguiente cuadro:

	Centros e Instituciones	Oficinas Laborales	Asistentes Sociales	Capellanes
Alemania	113	25	4	120
Bélgica	19	5	9	17
Francia	78	15	28	104
Holanda	37	6	9	19
Inglaterra	5	5	6	12
Luxemburgo	1	---	1	1
Suecia	3	---	2	1
Suiza	85	12	11	47

Fuente: Instituto Español de Emigración (1976)

LAS MISIONES CATÓLICAS

Los centros religiosos tenían un papel fundamental para la adaptación[41] de los emigrantes al llegar al extranjero. Además de las funciones necesarias para dar cobertura religiosa a los católicos españoles que arribaban a otros países, establecían redes sociales y culturales que cubrían necesidades educativas, asistenciales y facilitaban recursos para el ocio. Desde finales de los

41. Los testimonios recabados subrayan la importancia de estos centros para mejorar su vida en el extranjero. Señalan la ayuda recibida, pero afirman que no les sirvieron como herramientas de integración en la sociedad de sus nuevos países, ya que las actividades eran exclusivamente para españoles, con reminiscencias culturales patrias y el espíritu de la doctrina católica sobrevolando en todas las actividades que realizaban. Por tanto, sirvieron como instrumento de adaptación, no de integración.

años cincuenta, comienzan a proliferar estas entidades religiosas por las ciudades europeas que se habían convertido en destinos principales de los emigrantes españoles: París, Bruselas, Ámsterdam, Essen, Frankfurt, Hannover, Múnich, Basilea, Berna, Zurich y muchas más. En algunos casos se establecieron con nuevas instalaciones, otras veces estaban asociadas a parroquias católicas donde se les permitía dar misas en español y en algunos casos aprovechaban templos e instalaciones que la iglesia española poseía en otros países. Ese era el caso de París, donde se encontraba la Iglesia Española, una parroquia de los Claretianos que se levantó en 1914 por orden de Alfonso XIII para atender a los católicos españoles que vivían en París. A partir de las grandes oleadas migratorias de la segunda mitad del siglo XX, la iglesia diversifica su actividad y ofrece clases de francés, ayuda en la búsqueda de trabajo e incluso oferta servicios de alojamiento. Las actividades de ocio y tiempo libre también entran en su programación y en el local parroquial anexo, en el número 53 de la rue de la Pompe se establece el «Amistad-Club», una asociación en la que se integran muchos andaluces que trabajaban en París, como Antonia Rodríguez, en cuyo carnet de afiliada, con fecha 5 de junio de 1964, vemos el número de socio 940.

En todas las misiones católicas se prestaban múltiples servicios, no solo religiosos, aunque servían –obviamente– para atraer hacia la iglesia a quienes acudían a sus actividades solo para pasar el tiempo o compartir un espacio de recreo con los compañeros.

Ángela Benítez frecuentó con asiduidad la misión católica de Essen en los años que estuvo en Alemania. Llegó con 12 años y se matriculó en un colegio alemán, donde tuvo grandes problemas al desconocer por completo el idioma y por la distancia desde su casa hasta el colegio que la había admitido. «Me levantaba de madrugada para coger un autobús a las seis menos cuarto de la mañana; una niña de 12 años sola, de madrugada en transporte público para entrar al colegio a las ocho y cuarto». Al recordar aquella circunstancia el tono de voz cambia respecto a la alegría con la que recuerda otros momentos de su estancia en Essen, como los que pasaba en la misión católica junto a sus amigos, y las palabras que acuden a su mente son miedo e incertidumbre. «A mí me partieron en dos. Tuve que salir con 12 años, dejar mi colegio, mis amigas, toda mi vida y enfrentarme a ese panorama. La primera noche que pasé en Alemania fue horrible, no quería estar allí». El curso siguiente se matriculó en la escuela de la misión católica, pues allí impartían clases monjas y misioneros salesianos, una enseñanza validada como oficial en España. «Tuve que retroceder un año y me inscribieron en 1º de Bachillerato, pues el curso en la escuela alemana fue un año perdido. Estudié allí todo el bachillerato, hasta la reválida. El título lo recogí en Madrid, en el Instituto Beatriz Galindo, que era el centro que tenían concertado». Además de la enseñanza, la misión ofrecía múltiples servicios y –de facto– funcionaba como el centro español de la ciudad, se había convertido en el punto de encuentro, donde iban a tomar una cerveza o un café, donde los más jóvenes hacían sus reuniones en torno a los juegos de mesa, charlaban y hacían fiestas. Dos fotografías dan fe de aquellos eventos. En la primera aparece un grupo de jóvenes, algunos adolescentes, seis chicas y tres chicos, acompañados de un adulto y una monja. Posan abrazados: brazos por encima de los hombros y entrelazados. Son una comunidad. Tras ellos hay una pizarra en cuya esquina superior aparece adosada una cartulina en la que está escrito en grandes letras «el GRUPO». De ahí parten varias tiras de papel largas con frases escritas, dispuestas de manera radial, como si fuesen los rayos de un sol que hubiese hecho un grupo de escolares como trabajo manual. Probablemente se trate de una dinámica de grupo, pues los religiosos también asistían a las reuniones de ocio y las fiestas que organizaban los jóvenes, como se puede ver en la foto. Ángela ratifica que la religión estaba presente, pero no es su principal recuerdo de los ratos que pasaba en la misión. Recuerda su estancia durante la década de los setenta con mucha vida social, reuniones constantes, «había mucho espíritu de grupo, mucho compañerismo. Lo hacíamos todo juntos, los jóvenes, los mayores y siempre nos ayudábamos los unos a los otros. Había mucha añoranza de España, todos nos acordábamos y teníamos muy presentes nuestras costumbres, lo que hacíamos allí antes de salir. Mi padre, por ejemplo, siempre tuvo claro que regresaría a España, que no se iba a quedar en Alemania y cuando volví, en 1977, me sentí rota otra vez. Dejaba atrás mi adolescencia y juventud, los amigos con los que compartí todo en aquellos años trascendentales, me separé de mi amiga del alma».

Ese fuerte sentimiento de comunidad, de amistad, se consolidaba en las muchas horas que pasaban en aquella misión. En las fotos se aprecia la unión del grupo. Son jóvenes de fiesta. Sobre la mesa aparecen platos con restos de comida, vasos de papel decorados con flores, botellas de cerveza y algunas que parecen de sidra, champán o vino espumoso, junto a refrescos, como la popular botella de cristal de Coca-Cola de un litro. La fiesta llega a su fin, pero hay tiempo para una última foto, una imagen en la que los jóvenes aparecen sentados alrededor de una mesa, incluyendo al adulto y la monja, que sonríe abiertamente a la cámara mientras sujeta a un niño que está sentado sobre ella.

CENTROS Y CASAS DE ESPAÑA

La pizarra del bar anuncia una conocida marca de refresco con el eslogan «*erfrischt richtig*», algo así como «refresca correctamente». Debajo, escrito en español, la lista de bocadillos: jamón, salchichón, chorizo y queso. Y también algunos platos de comida: filetes empanados, medio pollo, boquerones y alcachofas, entre otros. En la pizarra de al lado están anotados con tiza los números premiados en el gordo de Navidad y sobre el mueble rinconero hay una cesta con botellas, embutidos y otros alimentos y un cartel que anuncia su destino en letras mayúsculas: RIFA CENTRO. Detrás de la barra, abrazados y levantando sus vasos en un brindis a la cámara, aparecen clientes y camareros para retratar su amistad. Es el centro español de Hanau, localidad cercana a Frankfurt, una de las más importantes del cinturón económico que la rodea. Localidades donde encuentran acomodo factorías y plantas de grandes industrias y empresas, destino de miles de españoles.

Alquilar un local y montar un bar era el primer paso para contar con un centro español en cualquier ciudad europea que albergase un buen número de emigrantes. El de Hanau también había surgido así, pero estaba constituido como una asociación. Su funcionamiento no dependía exclusivamente de la persona o la familia que lo regentaba, sino que tenía unos socios que pagaban una cuota y una junta directiva que tomaba las decisiones. Los socios podían proponer actividades y solicitar diversos usos para el local. «Casi todos los sábados organizábamos una fiesta o una comida para los amigos. También preparábamos algo especial cuando llegaban las fiestas señaladas en España. Había actividades para entretenernos y de vez en cuando venían los alemanes, parejas y matrimonios que iban a probar las tapas y la comida española y gente del barrio que entraba al bar».

Actividades musicales y bailes también eran habituales. Son numerosas las fotografías de actuaciones en estos locales. Algunas veces se organizaban concursos de baile y se daban trofeos. También se organizaba algún concurso de belleza y campeonatos de juegos de mesa. De todas esas actividades hay imágenes, como la de Juan González entregando la copa a una joven que porta una banda morada, similar a la que colocaban a las triunfadoras de los certámenes de belleza, y sujeta unos claveles que forman parte del protocolo para la ganadora. Es en el centro español de Oberndorf, donde también vemos a las parejas ganadoras y finalistas de un torneo de juegos de mesa, cuatro hombres que posan contentos con sus trofeos, mientras un quinto se suma a la celebración portando otro trofeo menor. Campeonatos de ajedrez, dominó y juegos de cartas eran habituales en todos los centros españoles repartidos por Europa, como parte fundamental de las actividades de ocio.

Como curiosidad, reseñar que se han recopilado otras fotografías de concursos de belleza. Una de ellas llama poderosamente la atención, ya que muestra a una chica joven, completamente vestida de futbolista (incluyendo las botas de cuero reglamentarias) con una banda que le cruza el pecho en la que podemos leer: «Miss Offenbach».

TOCAR LA GUITARRA

Juan salió de su pueblo buscando ampliar su horizonte vital. Corría el año 1970 y confiesa que Almodóvar del Río, incluso Córdoba, se le quedaban pequeñas. Quería cambiar de ambiente, vivir nuevas experiencias. Al ser preguntado por el trabajo que tenía en Alemania, como obrero en una factoría alemana de la empresa automovilística Opel, responde: «A mí el trabajo me daba igual, yo lo que quería era irme a Europa y tocar la guitarra». Para salir se dirigió a la sede cordobesa del Instituto Español de Emigración y se ofreció como trabajador para los puestos que estuviesen disponibles. De forma casi instantánea recibió una oferta para trabajar en una fábrica de automóviles en Rüsselsheim am Main, una localidad muy próxima a Frankfurt y no se lo pensó ni un segundo. A finales de año partía hacia Alemania en un tren que transportaba una expedición organizada por el IEE, con un importante grupo de trabajadores andaluces. Eran años de un gran flujo de emigrantes. «Éramos unos cien, casi todos de las provincias de Cádiz, Sevilla y Córdoba». No recuerda el tiempo exacto del viaje, aunque calcula que pudieron ser unas 24 horas, «todo el día para cruzar España y llegar a Irún y toda la noche para cruzar Francia y llegar a Alemania». Al bajar del tren les esperaba un autobús que les transporta hasta su destino, una residencia que la Opel había construido para sus trabajadores invitados. Comenta que estaba recién construida, «la inauguramos nosotros», y que se trataba de un bloque residencial con apartamentos compartidos para alojar a dos y tres personas. Recuerda la residencia como una vivienda cómoda, donde la estancia era agradable para un joven soltero. Como curiosidad añade que había unas cajoneras colgando de las ventanas, donde conservaban los alimentos gracias a las bajas temperaturas que reinaban en el lugar buena parte del año.

«Yo cumplía mi turno semanal en la Opel y los días libres actuaba con un grupo que habíamos formado. Ya tenía experiencia como músico, porque formaba parte de un grupo en España, así que me fue fácil seguir con esa actividad en Alemania». Afirma que para él era la ocupación principal y eso que el trabajo en la factoría automovilística en esos primeros años setenta le reportaba un buen sueldo. «Cobraba unos mil marcos, que al cambio eran unas 20.000 pesetas, más dos pagas dobles al año. Teniendo en cuenta que un obrero especializado, realizando un trabajo similar al mío, cobraba en España por esa época entre 5.000 y 7.000 pesetas y un director de Banco entre 13.000 y 15.000 pesetas, consideraba que era un lujo estar en esa situación. Pero mi prioridad era la música».

Junto a otros amigos decide alquilar una sala, un antiguo teatro que carecía del patio de butacas, para tocar con la banda y organizar bailes. La idea fue todo un éxito y las fiestas se llenan en cada convocatoria. «Pusimos anuncios por bares y casas de España en diversas ciudades, en sitios frecuentados por españoles. En cada fiesta juntábamos a 500 o 600 personas. Venían autobuses de toda Alemania, incluso los emigrantes italianos empezaron a asistir con regularidad», algo que queda atestiguado en las fotografías donde se aprecia el lleno en la sala. En primer plano algunas mesas con jóvenes consumiendo, la parte central de la imagen con la pista llena de parejas bailando agarradas, cientos de ellas ocupando el salón, chicas con minifaldas y chicos sin chaquetas en un ambiente muy informal, mientras al fondo, sobre el escenario, se vislumbra al grupo tocando.

Las imágenes aportadas son muy significativas y casi todas son de grupos y actuaciones musicales, su principal recuerdo de aquellos años. En otra de las imágenes que aporta aparece en el centro del grupo, formado por cinco músicos, todos uniformados con pantalón blanco y camisa roja brillante. Tras ellos se pueden ver las guitarras eléctricas, amplificadores y un telón que cierra el espacio. Juan está sentado sobre el bombo de la batería y sobre cada una de sus piernas se sienta un compañero, sobre el que –a su vez– se apoya otro, de manera que constituyen una formación simpática, una imagen que bien podría ser para la portada de un disco o un cartel de promoción del grupo, al más puro estilo de las composiciones visuales que diseñaba Valerio Lazarov en sus años en Radio Televisión Española.

Fotografías de actuaciones musicales donde podemos ver formaciones con estética pop en escenarios con la bandera de España colgada tras ellos y con nombres que hacen referencia a las raíces patrias, como Los Cid. Otros nombres con aspiraciones más musicales como Nuevos Astros y otros riéndose de sí mismos por su escasa técnica al tocar: Los Mantas. El repertorio de estas agrupaciones era moderno, con versiones de los grandes éxitos de los grupos españoles del momento: Fórmula V, Los Ángeles, Los Módulos y «alguna que otra canción italiana, para los compañeros de ese país, que también venían a las fiestas. De vez en cuando un pasodoble y algunas lentas para poder bailar *agarrao*».

Juan aparece en otras fotos con amigos y compañeros de la banda, en poses que imitan la estética pop de aquellos años setenta. Grupos de jóvenes vestidos con la modernidad que imperaba: pelo largo, patillas y pantalones de campana para ellos y largos vestidos estampados para ellas. Algunos miran a cámara, otras miradas se cruzan distraídas y las chicas apoyan la mano derecha sobre la mejilla en un gesto idéntico, una pose muy ensayada. Incluso en las fotografías de las reuniones con amigos en las viviendas que compartían, apreciamos el ambiente musical y la pose de grupo. Juan subido a una litera agarrado a su guitarra y el resto de compañeros de pie junto a él. Delante del grupo hay una mesa sobre la que han dejado algunas botellas alcohólicas y de refrescos, además de un radiocasete. Detrás de ellos, pegado a la pared, un poster de Elvis Presley con un estilismo muy roquero, mientras que los jóvenes españoles aparecen con una imagen muy setentera: pelos largos, patillas, algún bigote y camisas estrechas, muy ceñidas, desabrochadas hasta la mitad del torso.

La música está muy presente en la vida de los emigrantes y, además de los clubes y grupos musicales reseñados, son muy numerosas las fotografías que reflejan actuaciones y músicos *amateur*: grupos de amigos tocando la guitarra, dando palmas y bailando, tanto en viviendas particulares como en bares y centros españoles.

UN IDIOMA UNIVERSAL

Si unos niños están en el parque jugando al fútbol y se acercan otros de diferente nacionalidad, no necesitan hablar el mismo idioma para ponerse a jugar juntos. El fútbol es un deporte tan universal que une a quienes lo practican, sean del país que sean. Así sucedía según las numerosas fotografías de equipos formados por emigrantes en Alemania, Holanda, Francia y Suiza, que disputaban partidos de forma regular. Trasladar sus aficiones a los nuevos territorios que habitaban no siempre era fácil debido al choque cultural, pero el caso del fútbol era diferente.

Equipos mixtos de niños alemanes y españoles. Equipos españoles que competían entre sí. Españoles que competían contra italianos y yugoslavos. Equipos formados por compañeros de trabajo, unos españoles y otros holandeses. La fiebre por el fútbol no entiende de fronteras ni de idiomas. Una pelota, once contra once y a jugar.

A veces las condiciones no eran las idóneas, pero bastaba un descampado, además de un calzado que no impidiese correr y golpear el balón, para montar un partido. Así parece ser según las fotos que aporta Manuel Mesa, que aparece agachado en cuclillas, sujetando el balón, como los futbolistas posan en la foto previa al partido. Detrás de él algunos compañeros bromeando, mientras otros corren para posar aunque no llegan a tiempo a la foto. Botas de trabajo, pantalones y jerséis de lana, alguno con un cuello deportivo, como el que lleva el portero, reconocible por el jersey y por los guantes: de abrigo, no de guardameta. La imagen es tan potente, transmite tanta vitalidad, que poco o nada nos importa la vestimenta de los jugadores. Corren, sonríen, alguno fuma, otro saluda a cámara. Una veintena de trabajadores divirtiéndose, dispuestos a pasar el rato detrás de una pelota. Una imagen que podría haber firmado el propio Fellini o cualquier fotógrafo neorrealista.

Otras veces la equipación aparece impoluta, como viste Rafael, perfectamente uniformado con camiseta y pantalón blanco, medias blancas con vuelta roja y botas reglamentarias. Posa en solitario, de pie con las manos a la espalda, la imagen de un futbolista sobre el campo de hierba con las montañas suizas al fondo. En otra instantánea aparece con sus compañeros, todos los integrantes del equipo del centro español de Bulle, incluso los suplentes, trece jugadores uniformados y listos para jugar. «Una de nuestras mañanas de fútbol. Estos momentos nos hacían evadir la morriña de nuestra España», comentó al enviar la foto.

También perfectamente uniformados aparecen los niños del Spielvereinigung Oberndorf[42] sobre el césped del campo de fútbol. Visten como la selección alemana, pantalón negro y camiseta blanca. Niños españoles y alemanes aparecen relajados, algunos tumbados y otros bromeando al borde del terreno de juego. Fernando nos cuenta que aquel año ganaron la liga comarcal y que pasaron a disputar la competición regional del estado Baden-Württemberg, aunque no con mucho éxito. Esta mezcla de niños de varias nacionalidades la lograba el fútbol, pues en otras categorías los equipos estaban formados por alemanes, italianos, españoles y yugoslavos. Fuera del terreno de juego las diferencias eran más ostensibles. En muchas

42. Club de fútbol, fundado en 1911 y todavía en activo, cuyo nombre podríamos traducir por Unión Deportiva de Oberndorf.

poblaciones alemanas también se jugaban partidos entre equipos de emigrantes, pero en este caso agrupados por nacionalidades. Españoles, yugoslavos e italianos, principalmente, compitiendo en partidos *amateur*. Dentro de esta categoría es muy significativa la imagen de un equipo de fútbol formado por emigrantes españoles, perfectamente uniformados con una camiseta arlequinada, pantalón y medias blancas y botas reglamentarias. La fotografía, cedida por Francisco Delgado a la Asociación Granadina de Emigrantes y Retornados (AGER), va acompañada de un pie de foto rotundo: «Selección española».

Tal fue la fiebre por el fútbol, que los españoles llegaron a tener ligas propias. Como la que se estableció entre las poblaciones cercanas a Frankfurt, centro económico que tenía en su área metropolitana numerosas localidades que albergaban potentes industrias y empresas y, por tanto, nutridos grupos de trabajadores españoles. José recuerda cómo se organizaban aquellos partidos: «Jugábamos una liguilla que habíamos organizado de manera oficial, era como en España cuando estábamos federados. Al estar inscritos, podíamos solicitar los campos municipales, las instalaciones deportivas, y los partidos se celebraban en condiciones, igual que los de los alemanes. Formamos un equipo en cada pueblo y nos desplazábamos de uno a otro para jugar al fútbol».

Más significativo es el caso del equipo de fútbol femenino organizado en la misión católica de Remscheid, Alemania. María José Hueltes, presidenta de la Asociación Granadina de Emigrantes y Retornados, que formó parte de aquel grupo, cuenta que aun sin estar federadas ni pertenecer a ninguna liga oficial, sí celebraban numerosos partidos amistosos y se desplazaban a otras poblaciones. Aporta una fotografía de gran valor testimonial, en la que aparece el equipo, uniformado con camiseta blanca y rayas verticales verdes y negras, y pantalón y medias blancas. Se trata de chicas jóvenes, casi adolescentes, en un desplazamiento a la cercana localidad de Wermelskirchen, en 1976. Las emigrantes andaluzas anticipándose más de cuarenta años al *boom* del fútbol femenino en nuestro país.

CELEBRACIONES

Sería absurdo plantear aquí la descripción de una celebración de españoles en territorios europeos, basando las cuestiones diferenciales solamente en eso, en la territorialidad. Una fiesta familiar o entre amigos tiene una liturgia similar en cualquier parte del mundo. Comer, beber, reír, cantar y bailar y, por supuesto, hacer fotos. Cualquier tipo de celebración era inmortalizada y son muy numerosas las fotografías de este tipo. Y eso es lo que vemos en las imágenes festivas: familias y amigos comiendo, bebiendo, riendo, cantando y bailando. Gente joven[43] con gesto alegre, generalmente abrazados o en actitud de amistad entre ellos y mirando a cámara con orgullo.

Sí hay que reseñar algunas diferencias, primero por el lugar de origen, Andalucía. «Éramos los más fiesteros y los más ruidosos», comenta divertida Josefa mientras recuerda las fiestas que organizaban en el patio vecinal de su bloque de viviendas, en las afueras de la capital francesa, en el conocido como «cinturón rojo» de París. En una de sus fotografías se aprecia un grupo muy numeroso, unas veinte personas alrededor de varias mesas puestas una tras otra para acoger la reunión. Se aprecia perfectamente la tipología del patio de vecinos, con

43. Recordemos que la edad más común de los emigrantes al salir de España era de 24/25 años. En esas edades estaba el 44% de quienes emigraban a través del IEE.

los tendederos y los juguetes de los niños diseminados por el suelo: el epicentro de la vida social. En otras imágenes se aprecian diversos detalles que distinguen la procedencia andaluza de los protagonistas de la foto. Mujeres vestidas con el traje de faralaes, cante con guitarras y palmas flamencas, junto a comidas que identifican a una provincia, como los gurullos almerienses que degustan varias parejas en una casa.

Otros detalles que permiten la diferenciación para reconocer estas celebraciones como fiestas de emigrantes, son las características del territorio que habitan. Por ejemplo, se podría hacer un catálogo de cervezas europeas con las botellas y jarras que se aprecian en numerosas fotografías. Conocidas marcas de cerveza alemana, belga, francesa y holandesa desfilan por las mesas de los emigrantes. Botellas de cristal con el típico cierre mecánico de cabeza de porcelana y goma, junto a jarras de cerámica de medio litro con la imagen corporativa de las marcas, aparecen en múltiples celebraciones. También bebidas procedentes de nuestro país, como el anís y el coñac, además de champán, numerosas botellas de champán, un producto caro en la España de aquellos años pero que algunos emigrantes podían permitirse.

Destaca también como objeto de estudio en este grupo de fotografías la decoración de las casas: mobiliario, enseres y curiosidades que aportan una información sustancial. En estas reuniones festivas vemos elementos comunes en los muebles y las paredes de las viviendas donde se reunían los emigrantes. Unas fotografías de grupos en salones y salas de estar donde se aprecian elementos que probablemente no formarían parte de la decoración de esas estancias si estuvieran en España. Todos estos «elementos decorativos» están vinculados por un nexo común: la nostalgia. En una de ellas vemos a un grupo en una reunión navideña. En una de las paredes hay colgada una pequeña estantería de dos baldas sobre la que reposan, en la parte superior, unos muñecos que representan a la familia Telerín. En otras vemos algún póster pegado a la pared y fotografías de folclóricas y cantantes de la época. El cartel de una corrida de toros, una fotografía de Marifé de Triana, fotos de la Alhambra y otros monumentos andaluces, forman parte de la decoración de las casas donde se reunían. Celebraciones rodeadas de trozos de España pegados con chinchetas en las paredes.

Destacan también las celebraciones religiosas en territorio extranjero. Como puede comprobarse en otros apartados, la religión seguía muy presente a través de los sacerdotes que oficiaban en las parroquias de las ciudades más pobladas por emigrantes, las misiones católicas y otras instituciones. Eso permitía mantener sus obligaciones religiosas a los practicantes, incluyendo celebrar las ceremonias de los sacramentos. De tal modo que vemos a un numeroso grupo de amigos y familiares acompañando a unos recién casados en el álbum de recuerdos de Pedro Martínez. Vestido blanco tradicional para la novia y elegante traje oscuro para el novio. Todos los invitados posan con sus mejores galas excepto una pareja que parece haber salido de casa para hacerse la foto con ellos (él con pantalón y jersey y ella con unas zapatillas de andar por casa). Como curiosidad, todas las mujeres visten igual: blusa blanca sin mangas, falda oscura y zapatos de tacón blancos.

En otro retrato vemos a Vicenta posando con sus amigos. Se acaban de casar y están en plena fiesta en un salón de celebraciones. Al igual que Cayetano Roldán, que aparece en la foto cortando la tarta nupcial junto a su esposa, un espectacular pastel, mientras otros más pequeños esperan antes de ser repartidos entre los invitados.

Comuniones y bautizos celebrados en el extranjero ocupan también un lugar destacado en el álbum familiar. No procede describir una tipología que es idéntica a cualquier otra celebración de este tipo. Pero sí es interesante destacar que en la mayoría de los casos, quienes sostienen al bebé y portan el cirio que alumbrará la fe del neófito son compañeros de trabajo. Nuevos amigos que se convierten en padrinos y se incorporan al círculo familiar como consecuencia del fortalecimiento de las relaciones personales en estos grupos.

ACTUACIONES Y FIESTAS SEÑALADAS

Die Treue siegt über den Eheterror. Algo así como «La fidelidad triunfa sobre el terror del matrimonio», titulaba el periódico local. Y en el subtítulo aclaraba que el grupo español de teatro *amateur* de Minden ponía en escena «*La zapatera prodigiosa* de Lorca». En la foto aparecen sus intérpretes en un momento de la actuación. Eran granadinos llegados a esta ciudad del norte de Alemania, que ponían en el escenario la obra de un paisano universal, Federico García Lorca.

Dedicar el tiempo libre a ensayar actuaciones musicales y teatrales fue otra de las actividades habituales. La mayoría de las veces la iniciativa partía de los centros españoles y de las misiones católicas, que organizaban actos culturales para complementar su programación de ocio. Son numerosas las fotografías de grupos de baile de flamenco y mujeres bailando sevillanas, además de alguna que otra obra de teatro, siempre inspiradas en autores andaluces. La mayoría de estas actuaciones tenían carácter interno, pero también se hacían de forma abierta y acudía público autóctono. Así lo comenta Josefa, que recuerda las fiestas que hacían en el barrio de París donde vivían: «Nos reuníamos el grupo de emigrantes y organizábamos fiestas. *Kermesse* la llamábamos, como los franceses. Pedíamos permiso al ayuntamiento local (delegación de distrito) y nos cedían un local. Las fiestas estaban abiertas a todo el mundo y venían muchos parisinos que eran vecinos». Lo afirma delante de fotografías en las que aparece junto a un hombre y una mujer, en poses divertidas. Ellas ataviadas con vestidos de lunares, mantón y flores en el pelo. Él con sombrero, la camisa anudada por encima del ombligo y un clavel. «Nos divertíamos mucho y nos reíamos de todo, pero también nos ocupábamos de nuestros compañeros que lo pasaban mal. Buena parte del dinero de esas fiestas lo destinábamos a los refugiados políticos».

Otras imágenes que nos muestran grupos de mujeres vestidas con trajes típicos andaluces pertenecen a fiestas y actuaciones en Alemania, Bélgica, Francia y Suiza. Gran parte de ellas son fotografías de desfiles organizados en fiestas locales a las que los emigrantes se sumaban mostrando sus tradiciones culturales, en casi todos los casos identificadas con la imagen de Andalucía. La participación en estos desfiles fue creciendo con el tiempo, incorporándose las nuevas generaciones (niños y niñas vestidos con trajes típicos aparecen en numerosas fotografías) hasta convertirse en algo habitual en numerosas ciudades europeas.

Dentro de este apartado incluimos también la participación en las fiestas de Carnaval, con la particularidad de que era una de las fiestas más esperadas en algunas ciudades por los emigrantes. En una época en la que el carnaval estaba prohibido o no alcanzaba a gozar del carácter de fiesta multitudinaria en territorio español, los emigrantes lo disfrutaban en el extranjero. Fiestas de carnaval en casa, con toda la familia disfrazada, y en el centro español, también ocupan su correspondiente lugar en el álbum de los emigrantes. Era una de las «fiestas señaladas»: aquellas celebraciones que marcaba el calendario, tanto las de herencia y tradición española, como las del nuevo país que habitaban.

En este sentido, sobre todo en las ciudades alemanas y en las grandes capitales, cobra especial trascendencia el Primero de Mayo, cuando numerosos trabajadores procedentes de España se suman año tras año a las manifestaciones. Vemos a emigrantes andaluces en numerosas fotos desfilando en grupo por las calles. Manuel, Fernando, Josefa, Antonio y muchos otros portando pancartas escritas en español, francés y alemán, alguna bandera republicana asoma entre la muchedumbre y muchos mensajes de hermandad entre la clase trabajadora española y la del país donde residían, para subrayar su integración como colectivo. También se movilizaban cuando algún hecho político en España tenía eco internacional, como la detención de Justo López de la Fuente, que provocó manifestaciones contra el Régimen en varias ciudades europeas y que podemos comprobar en fotografías aportadas por emigrantes que estuvieron en París y Bruselas. Fotos que han guardado por su participación en aquellos movimientos de protesta y son el reflejo de que parte de estos emigrantes invirtieron su tiempo libre en actividades políticas. Algunos ya tenían esa inquietud en España y en otros despertaba ahora. En todo caso, la podían desarrollar libremente.

Las denominadas «fiestas señaladas» tenían especial repercusión cuando se trataba de celebraciones tradicionales y religiosas, cuya intensidad se multiplicaba al celebrarlas en territorio extranjero. Así, cuando llegaba una fecha que tenía especial significado para un grupo de población, se organizaban fiestas en casas o centros españoles a las que se invitaba a compañeros y amigos. Fotografías que muestran las celebraciones por San Isidro Labrador (fecha en la que se organizan romerías en numerosos pueblos de Andalucía), la Virgen del Carmen (para quienes eran de poblaciones marineras), la del Pilar o San Bartolomé (que da origen a muchas ferias del mes de agosto), por poner algunos ejemplos. A esto hay que sumar la celebración de Navidad, que se convertía en una fiesta por todo lo alto. Familias enteras posan en Basilea, París, Bruselas, Frankfurt, Lausana, Dresde, Amberes, Burdeos y otras muchas ciudades, alrededor de una mesa llena de comida y bebidas. En la mayoría de los casos se trata de viviendas particulares donde vemos un árbol adornado con bolas, espumillón y guirnaldas sintéticas, algunos con cajas de regalos simulados, siguiendo la costumbre adquirida en los países donde los presentes se daban el día de Navidad y no en Reyes, como era tradición en España. Rostros alegres, risas, poses divertidas, algunos grupos disfrazados, niños con ojos muy abiertos por la excitación del momento… La tipología y la estética del retrato se repite en todas las imágenes, cientos de fotos navideñas que siguen conservando de aquellos años.

VECINOS Y AMIGOS: CONFRATERNIZAR EN TIEMPO DE EMIGRACIÓN

Uno de los aspectos más destacados por quienes emprendieron una nueva vida fuera de nuestras fronteras es la unión, el compañerismo entre emigrantes. Los lazos de amistad que se establecieron fueron tan intensos, que muchos de ellos mantienen hoy día el contacto con quienes conocieron hace cincuenta años o más. Algunos ejercieron de padrinos en bodas de compañeros y bautizos de sus hijos. Una amistad que equivalía a los más firmes lazos familiares. Eso, junto al choque cultural y la distancia que marcaba el idioma, hizo que las relaciones sociales fuesen casi exclusivamente entre españoles. La cercanía de quienes pertenecían a la misma región propiciaba relaciones más intensas, muchas veces iniciadas en el viaje de salida de España. Las relaciones de trabajo también fomentaban compartir diversiones y ratos de ocio con otros emigrantes, sobre todo yugoslavos, italianos y, en menor medida, portugueses. El aislamiento social se producía respecto a la población de los países donde habían aterrizado, pero había un arma para destruirlo: el baile.

La foto contagia el movimiento de sus protagonistas, una pareja en el centro de la imagen un poco agachados y con las manos sobre las rodillas. Las otras parejas también están bailando y los miran de reojo, son los reyes de la pista. Bailan el twist, el ritmo de moda en toda Europa, un baile que aquí se marcan ingleses y españoles. Hay otra fotografía festiva en la que vemos de nuevo a británicos y españoles moviéndose al mismo ritmo: ahora es una conga y todos van en formación, sonriendo, con los brazos extendidos y las manos en los hombros de quien le precede. Un baile británico y otro latino para confraternizar entre ingleses y españoles en plena década de los sesenta.

También aparecen bailando un twist dos españoles junto a unas francesas. La imagen es de mayo de 1968, uno de los momentos más significativos de la reciente historia de Francia. En París ardían las calles y también las salas de baile. «Íbamos a casi todas las manifestaciones, mis hermanos y yo estábamos muy implicados políticamente, pero tampoco nos perdíamos un baile». Josefa recuerda el éxito de uno de sus hermanos en la pista de baile y la atracción que sentían las jóvenes parisinas por aquel grupo animoso: «A las francesas les encantaba bailar con ellos. Muchas mujeres solteras acudían a los locales donde sabían que íbamos los españoles. Fueron momentos de mucha tensión, de mucha acción en la calle, pero también de mucha diversión».

El baile también unía a españoles y alemanes en numerosos locales por toda la geografía de la Alemania Occidental. A las salas de baile acudían solteros, parejas y grupos de matrimonios de diversas nacionalidades. Este tipo de local era muy popular en los años cincuenta y sesenta, hasta que las discotecas comenzaron a ganar terreno en la siguiente década y los públicos comenzaron a variar. Rafael era uno de los usuarios más habituales cuando estaba soltero, en sus primeros años en Alemania, y también cuando se casó en España y regresó con su mujer. Curiosamente, su testimonio coincide con el de Josefa: «Acudían muchas alemanas a los bailes, les encantaba bailar con nosotros». Impresiones similares en las que brilla el orgullo patrio.

Las reuniones en viviendas eran muy habituales. Los emigrantes se reunían en una casa para comer, charlar o tomar unas copas. Este nivel de intimidad también lo llegaron a alcanzar con vecinos y compañeros de trabajo originarios del país de destino. Como Luis Medina, que conservaba varias fotografías con los dueños de la casa donde habían alquilado su vivienda. Uno de estos retratos demuestra el grado de intimidad, una comida en casa de los Müller en Navidad. El árbol con las bolas y adornos preside el comedor mientras los comensales, excepto Luis que hace la foto, rodean la mesa. Además de los protagonistas aparece otra pareja de españoles y la señora Müller abraza a la mujer de Luis mientras posan sentadas en el sofá. Su hijo recuerda que trabaron una gran amistad con ellos.

Otro caso significativo es el de Gaspar Cebrián, quien aportó diversas fotografías en las que aparece junto a sus compañeros, otros albañiles alemanes. Al ser preguntado por ellos, Gaspar respondió: «son mis amigos alemanes». No se refirió a quienes le acompañan en las fotos tomadas en la obra como compañeros de trabajo, los catalogó como amigos. Por eso le vemos con ellos compartiendo una cerveza a pie de obra, sonriendo ampliamente, durante la parada para comer. Y también en posados en excursiones y en retratos de grupo con otros amigos y sus novias o esposas, prueba de que la relación iba más allá del trabajo.

Estos ejemplos certifican que el aislamiento respecto a los ciudadanos del país de origen no era absoluto. Los emigrantes solían ser un grupo de población separado que no se mezclaba habitualmente con los residentes nativos, pero no podemos tomarlo como norma inquebrantable, como una circunstancia que afecta absolutamente a todo el colectivo. Estas fotografías pueden servir, en parte, para diluir esa imagen, un estigma que ha estado presente cada vez que se ha vuelto la vista sobre aquella emigración.

Otras fotografías muestran a un grupo de andaluces que trabajaban como jardineros en Francia con sus compañeros y jefes franceses; trabajadoras de una residencia de mayores parisina junto a enfermeras locales; además de limpiadoras y cocineras de hoteles suizos junto al personal helvético. Todos aparecen fuera del trabajo, compartiendo ratos de ocio. No, no todos estaban aislados en un gueto.

HACIENDO TURISMO

El turismo y la emigración han tenido caminos paralelos en la historia contemporánea española, pero circulaban en sentidos diferentes. Cuando los europeos empiezan a escoger nuestro país para sus vacaciones, los españoles salían de su tierra para trabajar en sus países. En aquellos años, pocos españoles podían permitirse pensar en unas vacaciones como turistas y mucho menos como viajeros que visitan los más importantes monumentos europeos. Sin embargo, la mayoría de los emigrantes andaluces que han aportado fotografías a este trabajo conservan un buen número de imágenes en los rincones más famosos del viejo continente, además de excursiones a bellos parajes naturales y visitas a históricas ciudades.

El poder adquisitivo que consiguen con sus nuevos sueldos es un incentivo para moverse por el país en el que residen. La mejora económica incentiva la movilidad porque disponen de un dinero que antes no tenían y, sobre todo, por la adquisición de un vehículo propio. A esto hay que sumar que, tras el largo y difícil viaje que habían efectuado en su partida, cualquier otro desplazamiento les supone un paseo. Además, los retornos estacionales forman parte de su vida y también ayudan a que un hábito viajero se instale poco a poco en esta comunidad. Una de las consecuencias es la inclusión en el diario de recuerdos de la emigración de una certificación en imágenes: paisajes naturales, ciudades y monumentos son captados por las cámaras.

También citan el cambio cultural y de pensamiento que se opera en ellos como uno de los acicates para modificar sus hábitos. «Te cambia la manera de pensar. Se abría tu mente a cosas que antes no te pasaban por la cabeza. También es cierto que querías hacer cosas que hacían ellos (los holandeses); no todo… cosas como vestir y viajar»; afirma María, una onubense que comenta haber viajado mucho durante su estancia en Holanda, aprovechando para cruzar en coche a Bélgica e incluso llegar hasta París.

Este cambio de mentalidad es sorprendente. Muchos de ellos provenían de familias que por cuestiones económicas o culturales no habían salido de su localidad. Algunos recuerdan que sus padres vivieron y murieron en el mismo pueblo, en la misma localidad donde habían nacido, sobre todo los provenientes del medio rural. Y ellos viajaron por media Europa, viendo paisajes que sus progenitores no llegaron ni a imaginar.

Las fotografías se cuentan por cientos y los monumentos también. La Torre Eiffel, el Arco de Triunfo, Notre-Dame de

París, los bosques y lagos suizos, las estaciones de esquí alpinas, los campos de flores holandeses, los canales de Ámsterdam, el Atomium y la Grand Place de Bruselas, la catedral de Colonia, el estadio Olímpico de Múnich y un sinfín de escenarios desfilan ante nuestros ojos. Fotografías en blanco y negro y en color. Panorámicas y Polaroids. Hechas para recuerdos personales, aunque algunas también se enviaron a casa como prueba de los nuevos hábitos, mostrando que no todo el tiempo de ocio se consumía en el centro español de la localidad de destino. Imágenes que certifican que la salida al extranjero implicaba el desplazamiento para trabajar, pero también significó el viaje como experiencia de placer.

NIÑOS: LOS HEREDEROS

En todo álbum familiar se guardan fotos de los hijos. Es una costumbre adquirida. Hoy día, gracias a la cámara de los dispositivos móviles que llevamos a todas horas pegados como si fuesen una prolongación de nuestro cuerpo, podemos hacer miles de fotos para inmortalizar cualquier momento que nos apetezca, sin plantearnos de antemano lo que queremos fotografiar y sin coste alguno. Podemos hacer la foto o múltiples fotos y decidir más tarde con cuál nos quedamos. Quienes tienen niños pequeños, probablemente tengan su móvil saturado de fotografías de sus hijos. Cientos o miles de imágenes en casa, en parques, jugando con otros niños, en el colegio, en actividades extraescolares y en cumpleaños. La vida de los padres modernos.

Esta realidad, tanto de la sociedad contemporánea como de la vida parental, difiere notablemente de la que tuvieron los emigrantes como padres, respecto a la sociedad de su época y al uso de las cámaras fotográficas para inmortalizar recuerdos de sus hijos.

El primer choque lo encontramos en el terreno laboral, pues, aunque suene duro, los hijos complicaban la consecución de sus aspiraciones y muchos de ellos optaron por emigrar en solitario (el padre), dejando mujer e hijos a miles de kilómetros de distancia.

Hablamos de un colectivo cuyo principal objetivo era lograr un trabajo estable que les permitiese mejorar económicamente y ahorrar lo máximo posible. Esa motivación los lleva a abandonar su casa, salir de España y aterrizar en un país con un idioma y una cultura desconocidos. Imponderables a los que hay que sumar uno más: partir en soledad. Tan fuerte era su convicción para emprender una nueva vida, que no dudaron en sacrificar la vida familiar, aunque, paradójicamente, ese había sido considerado el objetivo final: tener una casa, formar una familia, un hogar y dar a sus hijos mejor infancia y juventud que la que tuvieron ellos. Desgraciadamente, para muchos, ese esfuerzo implicaba también sacrificar lazos familiares y los emigrantes se vieron forzados a hacerlo, perdiendo el contacto con el núcleo familiar (mujer e hijos) en los primeros años de matrimonio y de vida de los hijos.

La segunda gran diferencia se explica con el abismo económico y tecnológico que separa aquellas décadas del siglo XX con el mundo digital que nos envuelve en el siglo XXI. Algo ya comentado en estas páginas: el acceso a la fotografía no estaba generalizado y las clases más humildes no disponían de cámaras ni de los recursos económicos para revelar fotos cotidianas con cierta frecuencia. Tomar una foto tenía un sentido claro y definido para un emigrante, no era un acto aleatorio; por lo que retratar a los hijos en aquella época difiere notablemente de los hábitos de hoy.

Otra circunstancia a tener en cuenta es el cambio de rol que se ha producido en la sociedad actual respecto a las relaciones familiares. Desde los papeles generalmente establecidos en el núcleo familiar de la sociedad española de hace 50 o 60 años (el padre trabaja y la madre se ocupa de los hijos), hasta la vida social de los padres actuales –casi– marcada por la agenda de los hijos: colegios, actividades extraescolares, ratos de ocio en los parques y entrenamientos deportivos, por poner algunos ejemplos.

Teniendo en cuenta estas circunstancias, debe valorarse con una perspectiva claramente diferenciada de la actual, cómo entendemos las fotografías de niños que encontramos en los archivos de la emigración. Son imágenes tomadas con decisión, con un claro objetivo y que muestran acciones y momentos clave en la vida de los hijos. No fueron concebidas para acumular sin sentido, sino para tener un recuerdo de momentos importantes en la etapa que vivieron en el extranjero. Momentos que compartieron con su descendencia.

AQUEL MODO DE CONCILIAR

Cuando un matrimonio tenía hijos había tres opciones de afrontar la emigración: 1) Partía el marido y la esposa se quedaba en España cuidando de los hijos; 2) Viajaba la pareja y los hijos se quedaban con los abuelos[44]; 3) Toda la familia se trasladaba a la ciudad de destino. Estas opciones se escogían en función de las expectativas de trabajo en el extranjero y de la situación del núcleo familiar, es decir, dependiendo de si los niños estaban en edad escolar o no y de si las perspectivas laborales pasaban por conseguir un trabajo para ambos.

Dejar a los niños atrás era una experiencia muy dura. Elena, que partió junto a su marido a Suiza dejando a su hijo en España, comentaba que «fue un tiempo muy duro, una decisión tremenda», y poco después regresó para trasladar al pequeño con ellos. Dolores, que dejó a cargo de su madre a una niña de tres años y un niño de un año para acompañar a su marido a Alemania, recordaba que solo se arrepentía de una cosa en su vida: haber dejado atrás a sus hijos. Un año después, volvió por ellos y regresaron juntos a Alemania.

44. Los pequeños quedaban en casa de los abuelos maternos, por norma general, a cargo de la abuela. Esta encomienda era compartida también por las tías, hermanas pequeñas y aquellas solteras que seguían residiendo en la casa familiar. En todo caso, eran cuidados siempre ejecutados por mujeres.

También fue muy duro para los padres que emigraron en solitario y solo veían a los hijos una o dos veces al año, dependiendo de si retornaban en verano y también en Navidad. Rogelio lo recuerda de forma traumática: «Al regresar a casa [en retornos estacionales] los niños me veían como a un extraño. Cuando fueron creciendo fue peor. En la adolescencia sentía su rechazo, no había ni un gesto de cariño, ni comunicación, no sabían o no querían hablar conmigo. Era muy duro, pero lo entendía. Con el tiempo hemos mantenido una buena relación, aunque no veo en mi familia esos lazos cariñosos que los niños que crecieron con mis compañeros tienen hacia sus padres. No tengo nada que reprocharles, ni ellos a mí tampoco».

Si la esposa trabajaba o tenía intenciones de conseguir un trabajo en el extranjero, la decisión estaba clara. Pero a veces la pareja empezaba su nueva vida en solitario y tenían hijos una vez se habían asentado en otro país. O se trataba de solteros que habían emigrado en solitario, se conocían y se casaban, por lo que la relación y la llegada de los hijos alteraba considerablemente los planes iniciales. En estos casos o en otras variantes, la presencia de los hijos repercutía en la vida laboral de las mujeres, trabajadoras que habían cruzado fronteras con el mismo objetivo que sus maridos, pero que eran las encargadas de ocuparse de ellos, según las costumbres de la época.

La resolución más habitual del problema era que la mujer abandonaba su trabajo o dejaba los hijos en España a cargo de los abuelos (es decir, la abuela). Pero había otras soluciones, como dejar a los hijos con una hermana o una tía que no trabajaba, pues era muy común que familias enteras de hermanos y primos se hubieran reunido en el extranjero. También hubo experiencias diferentes, como los casos conocidos en los que una mujer se hacía cargo de los hijos de las vecinas y compañeras que vivían en su bloque y en el barrio. Algunas cobraban por ello, otras afirman que no lo hicieron, aunque recibían compensaciones en forma de alimentos y algún regalo, como forma de gratitud. Y siempre había un último recurso: llevarse a los niños al trabajo.

Antonia Carrasco trabajó en una plantación vitivinícola francesa de 1967 a 1975. Conserva unas espectaculares fotografías en color de aquella época, en la que vemos a su familia recogiendo uvas. Hombres con gorras y mujeres con pañuelos anudados a la cabeza desfilan ante nuestros ojos podando, colocando uvas en las cajas y mostrando los racimos a cámara. En varias de estas imágenes aparece una niña pequeña, de unos dos años. Lleva un pañuelo en la cabeza y un pequeño cubo azul de plástico, como si estuviese equipada para vendimiar. Para ella es un juego. En algunas fotos aparece divertida, en otras parece somnolienta; las condiciones no son idóneas para una niña de su edad. No había otra opción, los hijos también salían al campo.

José Bernardo no llega todavía a las grandes máquinas de cocina industrial que le rodean. El niño mira a cámara conocedor de que es el protagonista de la foto, que está tomada en las cocinas del colegio donde trabajaba su madre. «Para mí fue una gran ayuda que me permitiesen tener al niño en el trabajo. Cuando salía de su colegio me lo llevaba al que yo trabajaba y podía continuar mi jornada, de no haber sido así no hubiese podido seguir trabajando», declara su madre.

Niños emigrados que pasan el día y juegan en el puesto de trabajo de sus madres. Eran otras formas de «conciliar».

COSAS DE NIÑOS

Un numeroso grupo de niños aparece encaramado a una rueda metálica, una de esas distracciones que había en los parques infantiles para que los pequeños pudieran trepar y subir hasta ellas. No hay movimiento, los niños se han parado y todos miran atentamente a cámara, incluyendo una mujer, la única adulta que los acompaña. La escena se produce en Suiza y los niños están quietos, concentrados en salir bien en la foto, una actitud que dota de una extraña sensación a esa imagen. ¿Niños en un parque infantil sin moverse? Enigmático.

A cientos de kilómetros de allí, en un parque de París, una familia pasa su tarde libre mientras los niños disfrutan en el césped. Celia y sus primos retozando por las zonas verdes. También en París, pero en un ambiente muy diferente, en un patio de vecinos, aparecen niños jugando. Los más pequeños andan con el tacataca y otros se divierten con un triciclo. En Alemania vemos a niños jugando al fútbol en un campo de césped, como los mayores. Y en otra ciudad alemana las hijas de Agustín Lancharro sonríen subidas a una atracción infantil, un trenecito decorado con personajes de dibujos animados que pasea a los niños por un parque.

Isabel y Miguel tienen muchas fotos de su estancia en tierras francesas. En la primera de ellas aparecen en la terraza de su vivienda, cuando todavía eran casi unos bebés, niños pequeños que se distraen enredando con las plantas. En otras puede verse a Miguel montado en su pequeño triciclo y a Isabel con un elegante disfraz de princesa. Algo más mayores se presentan los dos disfrazados de *cowboys*, con sus sombreros, chalecos y pistolas de juguete en el jardín de la casa. Sonríen. Como otros muchos niños, pasaron su infancia entre juegos y disfraces.

Estos son algunos de los ejemplos que nos informan sobre cómo ocupaban el tiempo libre los niños. Los hijos, incluso nietos de emigrantes entrevistados, no recuerdan tener muchas actividades al margen del colegio, ni tampoco una vida social que incluyese tardes de parque, juegos y excursiones por la ciudad. Hablan de vida en común con los hijos de otros emigrantes, vecinos, compañeros y familiares. Recuerdan subir y bajar a las casas de los vecinos, compartir juegos en el patio vecinal y en los alrededores de sus viviendas, sobre todo aquellas que disponían de un pequeño jardín, aunque a veces bastaba una acera ancha, una calle poco transitada por coches o el descampado más cercano. Los escenarios habituales de los juegos infantiles, independientemente del país donde se encuentren. Buscar un sitio donde poder jugar: cosas de niños.

Teniendo en cuenta que la vida en común marca el tiempo de ocio de los emigrantes, es lógico deducir que también lo hacía para sus hijos. Siendo así, es natural que no aparezcan muchas fotografías de juegos y distracciones infantiles como las concebimos actualmente y sí muchos posados de niños en el interior de las casas, formando parte activa de las reuniones entre compañeros de vivienda y trabajo. Por tanto, podemos deducir que los niños se adaptaban a las costumbres de sus mayores, pues los matrimonios con hijos no solían salir mucho y quedaban en casas para organizar comidas y veladas entre amigos.

También aparecen niños en las actividades organizadas en los centros españoles. Los más pequeños protagonizan juegos, actuaciones en el escenario o competiciones de ajedrez, un muestrario que confirma la vida comunitaria de los padres como parte fundamental de sus hijos durante sus años en el extranjero.

CUMPLEAÑOS Y CELEBRACIONES

Mucho más numerosas son las fotografías de cumpleaños infantiles y celebraciones de fiestas como Navidad y Carnaval donde los niños son protagonistas. Curiosamente, no son habituales las fotografías de celebraciones de cumpleaños de adultos, no hay muchas fotos o, quizá, quienes las poseen no las han aportado cuando se les solicitó escoger las más significativas. La prioridad eran los hijos.

No resulta relevante describir aquí las imágenes de unas fotografías cuya tipología es universal, independientemente de que estén tomadas por emigrantes o residentes en España. Todas repiten el mismo esquema: una mesa con merienda y tarta, niños en el centro de la imagen y la escena rodeada por padres y otros amigos o familiares invitados a la fiesta. Pero sí es interesante anotar que la práctica totalidad de las imágenes de cumpleaños recopiladas pertenecen a la segunda mitad de la década de los sesenta y a los años setenta y están fotografiadas en color. Ese dato nos indica que en los primeros años de la emigración no se prodigaban esas fiestas o no había disposición de retratarlas, inclinándonos más por la primera opción, a tenor de los testimonios recibidos.

Igual sucede con las celebraciones religiosas: no procede describir fotografías que retratan bautizos y comuniones. Todas repiten el mismo esquema que conocemos de memoria y ya se ha ofrecido alguna pincelada significativa en páginas anteriores. Aun así, conviene anotar su existencia ya que nos informan de que muchas celebraciones religiosas se realizaban en el extranjero, a pesar de que la creencia popular es que la –práctica- totalidad de los emigrados regresaba a su lugar de origen para contraer matrimonio o bautizar a los hijos. La red asistencial para los emigrantes estaba bien establecida y en numerosas parroquias católicas de todos los países ejercían sacerdotes españoles para conservar a los fieles, celebrando misas semanales y otorgando los sacramentos. Lo sorprendente de realizar estas acciones en el lugar de emigración viene por la parte festiva, pues el acompañamiento lo integraban amigos y compañeros más que familiares. Prueba gráfica de esas celebraciones religiosas infantiles en el extranjero son las fotografías aportadas que reflejan bautizos y comuniones, aunque solo en tres países: Francia, Bélgica y Alemania.

Resultan llamativas las imágenes con niños como protagonistas en celebraciones tradicionales. No porque la foto estuviese centrada en ellos, sino porque su presencia eclipsa al resto de protagonistas. De tal manera que en una celebración de año nuevo en Francia no observamos a un grupo feliz, sino que dirigimos la mirada hacia un niño que intenta coger un vaso de champán mientras su madre brinda mirando a cámara. En otra celebración navideña, una nochebuena en Frankfurt, un grupo de andaluces de diferentes provincias comparten la alegría de festejar en común. La foto parece estar tomada con la celebración avanzada y los rostros de los adultos inducen a pensar que las bebidas alcohólicas han jugado un papel importante en la fiesta. Pero el centro de atención es una niña cuyas sonrosadas mejillas nos trasladan el calor ambiental reinante en ese salón, mientras su mirada denota cansancio. Está a punto de cumplir dos años, es un bebé, pero ya se ha adaptado al ritmo de estas celebraciones donde la unión del grupo hace que incluso los niños más pequeños acompañen durante toda la fiesta o hasta que aguanten.

Otra información interesante de estas fotografías es la gran cantidad de disfraces que aparecen. Unas veces muy trabajados y otras improvisados, basta con ponerse una bata de estar en casa, unas gafas de buceo y un sombrero de paja, como aparecen los amigos de Antonio Benjumea en un divertido retrato de grupo. Cuando en esas imágenes aparecen niños, el sentido de la foto cambia y nos informa de que los hijos forman parte indivisible de las actividades de ocio de sus padres. Sucede así en una fiesta en un centro español en Alemania. Dos mujeres están con un niño de pocos años que está disfrazado de indio del Oeste americano, con un tocado de plumas sobre la cabeza. Las mujeres intentan animarlo para que sonría, pero el gesto del niño más bien parece un puchero. Y así sale en la foto.

En otra imagen aparece Manuel, que en casi todas sus fotos suele tener gesto serio, aunque en esta ríe divertido con un extraño e inclasificable disfraz: camisa negra con chorreras, gafas de sol muy oscuras y sombrero negro. Todos en la mesa le miran y sonríen, excepto su hijo, sentado sobre las piernas de la madre. El pequeño mira sorprendido, muy serio, preguntándose si en realidad ese es su padre. A él no le parece una fiesta.

Esta enumeración de retratos con niños nos sirve para comprobar que los hijos están presentes en todo tipo de celebraciones, compartiendo espacios y tiempos con los adultos. Da igual la edad que tengan, el sitio donde se haga la fiesta o cualquier otra circunstancia. La vida en común se lleva al extremo, incluyendo a los críos. Los cachorros asisten al festín de la manada. Es la identidad de grupo y tienen que aprenderla desde pequeños.

EL ARRAIGO

Uno de los momentos clave en la etapa en el extranjero se producía cuando los hijos alcanzaban la edad obligatoria de escolarización. En ese momento, muchas familias se plantearon volver porque entendían que tener a los hijos en colegios extranjeros suponía echar raíces, probablemente de forma definitiva. Si los hijos aprendían el idioma y hacían nuevos amigos entre la población local (sin escolarizar, los niveles de interacción con los niños del país descendían a esporádicos encuentros), entendían que se establecían unos vínculos que en la infancia cobran especial importancia, unos lazos personales más fuertes de vencer que los de los adultos.

Algunos lo planteaban como una problemática social y cultural, como Rafael, que tomó la decisión junto a su esposa cuando tuvieron que escolarizar a su hija mayor: «Apuntarla al colegio significaba quedarnos más años allí, probablemente para siempre, y entonces mis hijos no serían ni alemanes ni españoles». Un pensamiento algo drástico, pero que estaba extendido en la población española desde los pirineos hasta los Alpes suizos.

Por el contrario, los que optaron por escolarizar a sus hijos se muestran orgullosos de aquella decisión, fuese con un objetivo temporal o definitivo. Prueba de ello es que han guardado las fotos de grupo de cada curso que hicieron sus hijos en el extranjero. Imágenes que representan la integración de esos niños en una sociedad en la que ellos no llegaron a sentirse completamente arraigados.

Celia aparece formando parte del grupo de 25 niños de una clase de preescolar del College Paul Valéry, en la rue Lauriston, cerca de la Plaza de Victor Hugo, en pleno centro de París. La promoción de 1965. Está sentada en el suelo, en primera fila, mientras la segunda fila está sentada y tras ellos algunos niños de pie. Lleva una rebeca y va peinada con coletas. Algunos niños miran a cámara, otros están distraídos, unos muestran incomodidad y alguno parece que va a romper a llorar de un momento a otro. Celia mira a cámara de forma directa, con serenidad y gesto seguro. Está integrada en el colegio y se siente una más. Es una más.

Otra niña española posa con coletas en la foto de su colegio, la escuela Marville, en Saint-Denis. Antonia sonríe, está en la tercera fila subida sobre un banco al igual que sus compañeros de hilera. Lleva un vestido de cuadros y cuello bebé. Algunos de sus compañeros visten de forma más moderna, con petos, chaquetillas con cremalleras y jerséis deportivos. La mayoría de ellos sonríen, algunos inquietos, con cara de pícaros. Solo un gesto serio, el de la maestra.

La hija de Antonia, la vendimiadora, aparece junto a sus compañeros de infantil en un colegio de Nimes. Ha dejado atrás su infancia en el campo junto a sus padres y ha alcanzado la edad para ser escolarizada. Casi todos en la clase llevan un babi, pero no se puede decir que estén uniformados. Unos tienen el cuello y los botones rojos y otros azules; unos van con lazos y otros abrochan cruzado. Esa pretendida uniformidad disonante le da al conjunto un cierto encanto, una apariencia de igualdad que expone las diferencias entre ellos. Aunque no revela una cuestión inimaginable para muchos: entre esos niños hay una pequeña española que ya sabe lo que es vendimiar.

Los hermanos Morales, Isabel y Miguel, aparecen en varias fotografías, desde preescolar hasta el final de la etapa infantil. Todas las fotos están tomadas dentro de las clases, no la típica imagen de grupo posando que se incorpora al anuario para recordar los cursos de cada año. Vemos clases de niños muy pequeños, que juegan y pintan antes de empezar la educación primaria. Y los primeros cursos de esa etapa, con clases de 30 niños por aula. Esas son en blanco y negro. El color llega al final de primaria, en una clase donde destacan los colores llamativos en la ropa, además de modelos y peinados setenteros. Todos los niños sonríen abiertamente, sentados en sus pupitres, y la profesora, sentada detrás de ellos en la última fila, les mira con particular dulzura.

Son fotos que despiertan simpatía. Niñas con coletas a lo Pippi Langstrump. Niños con dientes mellados. Colores chillones en las ropas y, en otras ocasiones, el uniforme, aquel babi que pretendía unificar al grupo y que sin embargo les hacía tan diferentes.

Las fotos escolares representan uno de los mayores anhelos de los emigrantes: que los hijos estudien, que tengan una formación completa y accedan a la Universidad. Muchos de ellos lo lograban, incluyendo algunos que, si sus padres hubiesen permanecido en Andalucía, estaban destinados a incorporarse al trabajo en el campo en cuanto hubiesen tenido edad.

Este deseo no era siempre compartido por la población local, que veía en los hijos de los emigrantes no a nuevos estudiantes, sino más mano de obra para incorporar a la cadena de trabajo. Antonio estuvo trabajando en diversas instalaciones de una multinacional francesa del agua de 1964 a 2007. Comenta que en cuanto su hijo cumplió dieciocho años, sus superiores le ofrecieron un puesto de trabajo para incorporarse a la fábrica. «Los jefes apreciaban mucho la mano de obra española y, en mi caso, fui premiado por la empresa por mi esfuerzo y fidelidad». Lo comenta con orgullo, dando a entender que los responsables de la empresa estaban contentos con su productividad y por eso querían fichar a su hijo. Es cierto, pero también es necesario extraer una segunda lectura: no se fomenta la formación educativa de los hijos de emigrantes, prefieren incorporarlos a un puesto de trabajo para sumar mano de obra.

Quienes consiguieron que sus hijos realizasen el ciclo educativo que ellos no tuvieron, muestran orgullosos esas fotos colectivas del colegio. Las conservan como testimonio de ese éxito alcanzado, un éxito personal (la consecución de un puesto de trabajo y la estabilidad económica) prolongado en la vida de los hijos (la formación académica que ellos no pudieron completar). Aquellos cuyos hijos permanecen en el extranjero, donde han desarrollado toda su vida, las enseñan como símbolo del arraigo logrado. Los hijos, los herederos, iniciaron ese arraigo al ingresar en el colegio y con el tiempo forman parte de la sociedad que los acoge y lo hacen de forma plena. Al menos, así lo sienten ellos.

EL RETORNO

Regresar a casa de forma definitiva era el anhelo más deseado por todos y quienes lo conseguían lo impresionaban en fotografías, como habían hecho con toda su etapa en el extranjero. En esas imágenes juegan un papel fundamental los niños, siendo protagonistas de la despedida, del viaje y de la llegada. Tres descripciones nos dan muestra de ello.

Francisco abandona Alemania tras ocho años. La despedida es emocionante, ya que sus compañeros de trabajo eran también sus vecinos, pues vivía en un bloque de viviendas de alquiler junto a otros españoles. La unión superaba el compañerismo, «era como si fueran mi familia, los quería como hermanos». El día antes de regresar a España se despide de ellos y se hacen múltiples retratos. La última foto que hizo fue la de sus hijos en brazos de sus mejores amigos. Aparecen solo los cuatro, el matrimonio que vivía junto a ellos con los hijos de Francisco. Curiosamente, las hijas de ese matrimonio no aparecen en la foto. Es como si esos niños fuesen hijos suyos. Una imagen muy simbólica, un recuerdo que pretende perpetuar los lazos de unión ahora que van a separarse.

En un tren que llega a Sevilla regresa Pepi desde Ginebra. Viene con su familia, aunque su marido se marchará de nuevo y permanecerá en Suiza un par de años más. Al llegar a la estación hay familiares y amigos esperando y uno de ellos prepara la cámara para inmortalizar el momento del regreso. Pepi los ve y saluda. Cuando el tren para, se gira y coge en brazos a su hijo pequeño, lo asoma por la ventana y sonríe. Un gesto de triunfo, como el deportista que enseña el trofeo conquistado al ser recibido en su ciudad. Esa es la foto que le dice que ha regresado, ver a sus hijos en su ciudad natal.

Rafael y Dolores llegan a casa tras un periplo que los ha llevado en avión hasta Madrid, en tren hasta Córdoba y en taxi hasta su barrio. Un barrio de nueva construcción donde les espera la casa que va a convertirse en su nuevo hogar. Al llegar no suben directamente a su piso, ese que han comprado y amueblado con las ganancias en el extranjero y que todavía no han podido estrenar. Tras un viaje tan largo deciden hacer una foto antes de subir a casa y descansar. Se sitúan en la entrada de la calle y posan juntos, con sus dos hijos delante. Es un gesto significativo. Ahora empieza una nueva vida. Otra más.

Las fotos de los hijos despidiendo a los amigos en el extranjero, llegando a la estación de donde partieron sus padres y arribando al nuevo hogar. Son los niños los que cierran la colección de fotos en el álbum de muchos emigrantes. Ellos, los niños, son el fin. No solo del relato fotográfico, también de la aventura de la emigración.

EPÍLOGO

Una vez finalizado el trabajo y redactado el texto en su totalidad, llegaba la hora de exponer las conclusiones y terminar este libro con algunas de las ideas fundamentales que han estructurado la investigación. Ratificar que los presupuestos de partida se han corroborado durante el desarrollo del trabajo y exponerlo a modo de cierre es la aspiración de cualquier ensayo, el acto final del historiador para poder presentarlo a la opinión pública.

A lo largo de estas páginas se expone un trabajo que comenzó como un proyecto expositivo, centrado en una única provincia, cuya metodología y objetivos se gestaron como consecuencia de mi actividad profesional como gestor cultural. Pero una vez finalizado no quedó atrás, como la mayoría de los cientos de proyectos que he desarrollado durante más de veinticinco años de gestión cultural, sino que fue creciendo y despertó mi condición de historiador que llevaba muchos años dormida. Al ampliar el campo de trabajo a toda Andalucía y realizar el análisis comparativo, la intuición parecía confirmarse, había coincidencias, temáticas y narrativas: había un relato. Solo faltaba desarrollar la investigación y convertir esos supuestos en evidencias que confirmasen que la narración en imágenes de los emigrantes andaluces retornados puede equipararse al relato general y sirve para documentar el fenómeno de la emigración española en toda su extensión. Por último, había que escribirlo.

Pero llegado el momento surgió una idea, la intención de ir un paso más allá: buscar la opinión de cuatro personas que por su formación y profesión pudiesen aportar una interpretación sobre las imágenes, su mensaje y su objetivo. Un punto de apoyo externo que pudiese ratificar de forma concluyente las impresiones y afirmaciones que se exponen en el trabajo, asumiendo el riesgo de que esas opiniones también pudieran desmontarlas.

Escogí a cuatro personas que por su profesión eran de interés para incorporar su criterio sobre estas fotografías y contrastar con el mío, que, por otra parte, ya estaba escrito y listo para ver la luz. El cuarteto lo conforman una fotógrafa, un cineasta, una periodista cultural y un profesor de Derecho Constitucional. La intención era que aportasen su mirada desde el punto de vista profesional y personal. Para ello era importante el enfoque de una fotógrafa (Remedios Malvárez), la opinión de alguien acostumbrado a contar historias con imágenes, a construir un relato (Alberto Rodríguez), la visión de quien trabaja sobre la sociedad y la historia de Andalucía (Alicia Almárcegui) y el sentir de alguien profundamente interesado por reivindicar la identidad andaluza (Antonio Manuel Rodríguez).

En cuatro entrevistas individuales les presenté un grupo de 20 fotografías. 16 de ellas fueron siempre las mismas, imágenes muy significativas pertenecientes a los siguientes grupos: «Estamos bien», «Labores domésticas», «En el trabajo» y «Vida social». Las otras cuatro fotografías fueron variando en función del perfil de cada uno de ellos. Por ejemplo, a Remedios le presenté imágenes cuya calidad pudiese valorar como fotógrafa, mientras que para Antonio Manuel escogí fotografías con referencias inequívocamente andaluzas. Antes de mostrarles las fotos le hice a cada uno de ellos tres preguntas, las mismas a todos, para comprobar su relación y conocimientos básicos sobre el tema. Tras las respuestas a esas preguntas están transcritas sus opiniones durante la conversación mantenida mientras observaban las fotos. Todo ese texto pertenece a sus declaraciones. Me parece más interesante exponerlas así, sin comentarlas ni compararlas, para que el lector pueda hacerse una idea de cómo impactaron las fotografías cuando las vieron. Sus impresiones aparecen ordenadas alfabéticamente por los nombres.

Desconozco si esta iniciativa es habitual en este tipo de trabajos o si contará con el beneplácito de los expertos en cuyas manos caiga este libro. No lo sé. Pero creo que aporta un valor añadido. Y es importante enriquecer el trabajo de uno mismo y la confianza que han depositado en ti quienes, con la cesión de sus recuerdos personales, esperan que saques a la luz esa historia. Tampoco pretendo ser parte del canon ni un historiador que se base en los modelos de investigación establecidos. A fin de cuentas, ya lo expuse en la introducción: este no es un ensayo al uso. Nunca pretendí que fuese académico, pero sí riguroso. Y buscar el rigor implica contrastar opiniones, no basarse únicamente en las propias. Esto es lo que ha sucedido:

Alberto Rodríguez
Cineasta

1. ¿Tienes contacto directo con el fenómeno de la emigración, algún familiar, amigo íntimo o persona que te haya trasladado directamente su experiencia?

No.

2. ¿Qué conocimiento tienes de aquella etapa de nuestra historia reciente?

Creo que fueron la locomotora económica para España en aquellos años. Gente que fue a buscarse la vida. Se convirtieron en mano de obra barata para los países europeos. Buena parte de lo que conozco lo sé a través de la película documental *El tren de la memoria.*

3. Por lo que tú conoces, ¿crees que sus protagonistas se sienten satisfechos, les compensó?

La mayoría han vuelto y esa era su máxima aspiración, ¿no? Creo que se trata de gente que encuentra una vida.

Yo diría que los retratos quieren trasladar el mensaje de que están bien, en muchos sentidos. Incluso ir un poco más allá. Por la imagen, la ropa y la pose está claro que hay quien se cuida. También quieren dar una imagen de prosperidad y modernidad.

Me da la impresión de que en el trabajo la imagen de grupo es importante. Eso refuerza la idea que quieren transmitir: todo está bien. Son imágenes positivas, incluso las de los mineros, que es un trabajo brutal.

En las que aparecen realizando tareas domésticas no están cómodos. Se nota. Sonríen, pero transmiten la sensación de incomodidad. Creo que la finalidad de esas imágenes es mostrar cómo se cuidan y quién te cuida [referencia al compañerismo]. *Algunas pueden contener un sentimiento vergonzoso, pero supongo que son un testimonio, las guardan como ejemplo de superación.*

En las que aparecen compartiendo su tiempo de ocio, incluso las más modernas para su época (los grupos musicales) me da la impresión que tienen un nexo en común. Lo importante es el grupo, la identidad. Conservar la identidad propia en una sociedad y una cultura muy diferentes.

Viendo estas fotos tan variadas, pero tan significativas creo que uno puede hacerse una idea de qué fue aquello, qué hay detrás de ese éxodo masivo. Me gustaría que las viese un emigrante de hoy, un senegalés que está en España para ver qué opina de ellas.

Alicia Almárcegui
Periodista cultural

1. ¿Tienes contacto directo con el fenómeno de la emigración, algún familiar, amigo íntimo o persona que te haya trasladado directamente su experiencia?

No.

2. ¿Qué conocimiento tienes de aquella etapa de nuestra historia reciente?

Fue una gran pérdida para el país. Creo que los motivos fueron siempre económicos, de gran necesidad. Hubo mucha emigración irregular pero no sabemos mucho de ella. Algunos regresaron, otros no. Es un episodio fundamental de la Historia Contemporánea de España y, sin embargo, se pasa de puntillas por él.

3. Por lo que tú conoces, ¿crees que sus protagonistas se sienten satisfechos, les compensó?

Sí, les compensó. A costa del desarraigo que tuvo un peso enorme para los protagonistas, quizá mayor en las mujeres. Sus hijos mejoran y ellos se sacrifican.

Muchos de ellos quieren mostrar la prosperidad, que habían alcanzado los objetivos que se habían marcado. También que el cambio de vida, implica el cambio de imagen. Entiendo que el cambio de estética viene inducido por el momento, la década de los sesenta fue proclive a ello.

Aprovechan los momentos en que salen de fiesta o para dar una vuelta para hacerse una foto. Se ponen guapos para la familia. Es importante que los vean así.

Me gustan las fotos en las que aparecen escribiendo cartas, tumbados en la cama, compartiendo habitación con los compañeros y escuchando música. He visto muchas fotos de este tipo. Supongo que lo hacen por retratar el día a día, la cotidianidad. Los comienzos serían complicados y comparten los esfuerzos. En cierta manera, también comunican a sus familiares lo duro que es enviarles dinero. Hay una relación directa a través de esas imágenes, al mostrar el esfuerzo del día a día (el del trabajo ya lo conocen) y puede ser un contrapunto a las buenas noticias y al dinero que perciben los familiares desde el extranjero.

Cuando uno está en grupo se viene arriba. Están contentos. Hay satisfacción. Les compensa el trabajo duro, incluso la mina, si eran temporeros, obreros o no trabajaban más que un tiempo al año.

Las imágenes de grupos y jóvenes de estilo pop marcan la evolución de los que se van. La estética cambia con los años. Se pasa a otra etapa. Seguro que los grupos de música tocan en español y para españoles. Eran modernos, pero mantenían su identidad.

Percibo cierto orgullo andaluz. Enseñar la cultura en la que se ha crecido. Supongo que los andaluces crearon estructuras fuera de su región, como hicieron en Cataluña, por ejemplo. Es una imagen estereotipada, deformada por la visión extranjera desde hace muchas décadas y se convierte en la imagen de España en el exterior. La parte por el todo.

Antonio Manuel Rodríguez
Profesor de Derecho Constitucional

1. ¿Tienes contacto directo con el fenómeno de la emigración, algún familiar, amigo íntimo o persona que te haya trasladado directamente su experiencia?

Sí, varios familiares entre mediados de los cincuenta y los sesenta emigraron.

2. ¿Qué conocimiento tienes de aquella etapa de nuestra historia reciente?

Hay emigración en las regiones pobres, no en las ricas. No es un fenómeno homogéneo. Hay que matizar. No se puede hablar de «la emigración española». Emigran por y para el hambre. La emigración está localizada donde el hambre era más feroz. La emigración es la solución a la desesperanza. Se van porque no hay alternativa.

3. Por lo que tú conoces, ¿crees que sus protagonistas se sienten satisfechos, les compensó?

Al regresar muestran su éxito, su mejora económica. Creo que estaban atados por una goma elástica, por el deseo imperante de regresar. Llevaban la memoria cosida a la garganta, por eso crean lugares de encuentro. Muchos no se integraron porque querían regresar. Creo que les compensó a los que retornaron.

Las fotos personales muestran la necesidad de cambiar, hay una gran velocidad de cambio en esas décadas. Quizá también hubiesen cambiado de haberse quedado en España. El coche simboliza el éxito, han conseguido lo que querían. Hay cierta ostentación.

Por el contrario, en las que aparecen con trajes elegantes y buenos abrigos me transmiten expresión de dignidad. Es el exilio interior: en casa hay unas condiciones y forma de estar y fuera hay otra. La identidad y lo aprendido emigra contigo. Tienen aprendido que el no parecer es el enemigo del poder. No hay que parecer emigrante.

Con las fotos en el trabajo intentan decir que están bien y esa es la normalidad. Es un doble mensaje, para los que reciben la foto y para los que se la hacen. Se dicen a sí mismos: tengo un buen trabajo, he hecho lo correcto.

Por muy duro que sea el trabajo, sonríen. Sin embargo, en las labores domésticas no percibo la misma sonrisa. Los hombres hacían las tareas porque estaban solos. Me da la impresión de que es una especie de diario con imágenes porque no pueden hacerlo con palabras. Muestran que el trabajo es duro dentro y fuera de casa. Dicen: pasamos fatigas. Es el retrato de la Utopía y de la realidad. Retrato del esfuerzo, es la radiografía de la conquista.

Me da la impresión de que no se integran, es una sociedad de españoles dentro de la sociedad alemana o francesa. Evidencian una ayuda y solidaridad mutua entre andaluces. Cumplen su sueño, pero lo hacen para mostrarlo a los españoles, para triunfar entre españoles. Incorporan su identidad a la identidad del destino. Nuestra identidad es la resiliencia. Donde vamos nos adaptamos e incorporamos la [identidad] *nuestra.*

Remedios Malvárez
Fotógrafa

1. ¿Tienes contacto directo con el fenómeno de la emigración, algún familiar, amigo íntimo o persona que te haya trasladado directamente su experiencia?

No. Tan solo algunos conocidos que regresaban en verano.

2. ¿Qué conocimiento tienes de aquella etapa de nuestra historia reciente?

Pienso en un país devastado, en unas enormes necesidades económicas. Creo que era una cuestión de supervivencia. Recuerdo una frase que me impresionó de pequeña: «tiene que arreglarse los dientes antes de irse a Alemania». Supongo que era para demostrar que estaban sanos.

3. Por lo que tú conoces, ¿crees que sus protagonistas se sienten satisfechos, les compensó?

No creo que les compensase a todos. Fueron mano de obra barata, recuerdo muchas familias desestructuradas, rotas por la emigración. Creo, por otra parte, que no se fueron a triunfar, sino a sobrevivir. Los que retornaron mostraban un orgullo modesto.

Los retratos son un posado con una clara intencionalidad. Todo está preparado, se nota mucho. Creo que la intención es demostrar un estatus. Alguna de ellas me suena a «he triunfado». Otras son fotos cuyo objetivo es mostrar lo que no tenían en España.

También detecto mucha cercanía, contacto entre ellos. Incluso una necesidad física de estar juntos.

Las fotos del trabajo quieren mostrar que son profesionales y que cumplen con sus tareas (mostrar el objetivo que se habían propuesto). Me encanta la de la señora del servicio doméstico. Muestra el lugar de trabajo, que sus señores tienen mucho dinero y que se lleva bien con ellos. Eso sí, su postura es servil, deja claro el lugar de cada una.

Las fotografías de labores domésticas supongo que quieren dejar constancia de esa situación, quizá para mostrar a posteriori lo que han superado.

La foto de la mujer cocinando agachada está hecha como la haría un profesional. Está un poco borrosa, pero denota una mirada de fotógrafo, sabe cómo encuadrar y el mensaje que quiere transmitir. En muchas de estas imágenes veo que tienen mirada de fotógrafos.

* * *

El experimento concluye de forma satisfactoria. Tras exponer sus impresiones, se confirma que las grandes ideas, las conclusiones generales, están en las declaraciones de estos profesionales: el esfuerzo y la superación, la pertenencia al grupo, la conservación de la identidad, el orgullo de superar las dificultades, la necesidad de enseñar los cambios producidos como símbolo de prosperidad, el compañerismo, las formas de vida, el deseo de mostrar que se han cumplido los objetivos, etc. Incluso la calidad de las fotografías, la posición que adoptan como fotógrafos, capaces de identificar momentos y escenas cruciales para capturar un instante, su visión como documentalistas, sin estar exenta la calidad en muchas de ellas.

La primera impresión en la que coinciden los cuatro profesionales seleccionados es el deseo de trasladar en sus imágenes que todo va bien, tanto ellos a su llegada y una vez instalados, como su trabajo. «Yo diría que los retratos quieren trasladar el mensaje de que están bien, en muchos sentidos» (A. Rodríguez). «Muchos de ellos quieren mostrar la prosperidad, que habían alcanzado los objetivos que se habían marcado» (A. Almárcegui).

Ese deseo de mostrar que todo va bien se extiende al trabajo y aquí es muy significativa la afirmación de Antonio Manuel: «Con las fotos en el trabajo intentan decir que están bien y esa es la normalidad. Es un doble mensaje, para los que reciben la foto y para los que se la hacen. Se dicen a sí mismos: tengo un buen trabajo, he hecho lo correcto». Reforzando que no toda la intencionalidad de las imágenes va destinada a convencer a familiares y amigos, sino también a ellos mismos, ratificando la decisión tomada.

La superación, la resistencia ante la adversidad, dar por bueno un trabajo y unas situaciones extremas, en contraposición a la miseria de la que escaparon la mayoría de ellos, es otra realidad detectada en las fotografías: «Por muy duro que sea el trabajo, sonríen» (A. M. Rodríguez). «Están contentos. Hay satisfacción. Les compensa el trabajo duro, incluso la mina, si eran temporeros, obreros o no trabajaban más que un tiempo al año» (A. Almárcegui).

La identidad, de grupo y como andaluces, y la dignidad, por encima de unas circunstancias personales de gran dureza, es otra de las ideas fuerza que queda ratificada en sus comentarios: «Por el contrario, en las que aparecen con trajes elegantes y buenos abrigos me transmiten expresión de dignidad. Es el exilio interior: en casa hay unas condiciones y forma de estar y fuera hay otra. La identidad y lo aprendido emigra contigo» (A.

M. Rodríguez). «Lo importante es el grupo, la identidad. Conservar la identidad propia en una sociedad y una cultura muy diferentes» (A. Rodríguez).

Coincidencia total en el compañerismo que impregna todas las fotos de grupo, transmitiendo unos lazos que se presentan tan fuertes o más intensos que los familiares: «También detecto mucha cercanía, contacto entre ellos. Incluso una necesidad física de estar juntos» (R. Malvárez).

Crucial se presentaba para este trabajo demostrar que este diagnóstico confirma que la colección de fotografías de los andaluces retornados no es solo un álbum familiar, sino que se corresponde con un diario donde registran su periplo como emigrantes: «Me gustan las fotos en las que aparecen escribiendo cartas, tumbados en la cama, compartiendo habitación con los compañeros y escuchando música. He visto muchas fotos de este tipo. Supongo que lo hacen por retratar el día a día, la cotidianidad» (A. Almárcegui). «Me da la impresión de que es una especie de diario con imágenes porque no pueden hacerlo con palabras» (A. M. Rodríguez).

Por último, la clave de todo el trabajo. ¿Constituyen estas fotos un relato? La respuesta fue afirmativa en todos los casos. La ilustramos aquí con el comentario de alguien acostumbrado a contar historias con imágenes: «Viendo estas fotos tan variadas pero tan significativas, creo que uno puede hacerse una idea de qué fue aquello, qué hay detrás de ese éxodo masivo» (A. Rodríguez).

Tras la conversación, ilustrada con el visionado de las fotos, todos afirmaron que las imágenes les habían aportado interesante y novedosa información, ofreciéndoles una perspectiva general sobre el fenómeno de la emigración. Por tanto, parece incuestionable que la recuperación de los archivos gráficos de los trabajadores andaluces retornados aporta una visión amplia y completa de la experiencia migratoria, una narración de aquel fenómeno, que es representativa de todo el colectivo de personas que salieron de diversas regiones españolas para buscar una vida mejor en los países europeos.

Rescatar esta etapa de la Historia Contemporánea de España (y de Europa) se antoja fundamental, independientemente del enfoque que se vierta sobre ella: histórico, artístico, sociológico, etc. A través de sus fotografías, su voz permanecerá siempre viva. Que no se conviertan en los grandes olvidados de nuestro pasado reciente.

BIBLIOGRAFÍA Y FUENTES CONSULTADAS

AA.VV., *Aún no. Sobre la reinvención del documental y la crítica de la Modernidad. Ensayos y documentos [1972-1991]*, Museo Nacional Centro de Arte Reina Sofía, Madrid, 2015.

AA.VV., *El Franquismo año a año* (vol. 21), Unidad Editorial S.A., Madrid, 2006.

AA.VV., *Emigración y retorno. Una perspectiva europea*, edición de José Cazorla Pérez, Instituto Español de Emigración, Madrid, 1981.

AA.VV., *Historia de Andalucía* (vol. 9), Editorial Planeta, Sevilla, 2006.

AA.VV., *La fotografía del siglo XX. Museum Ludwig Colonia*, Taschen, Colonia, 2007.

AA.VV., *La mirada del tiempo: Memoria gráfica de la historia y la sociedad españolas del siglo XX* (vols. 5, 6 y 7), El País, Madrid, 2006.

AA.VV., *25 años de paz vistos por 25 escritores españoles*, Servicio Informativo Español, Madrid, 1964.

Anes, Gonzalo, *Historia económica de España. Siglos XIX y XX*, Galaxia Gutenberg, Barcelona, 1999.

Arco Blanco, Miguel Ángel del, *Hambre de siglos. Mundo rural y apoyos sociales del franquismo en Andalucía Oriental*, Comares, Granada, 2007.

Arenas Posadas, Carlos, *Lo andaluz. Historia de un hecho diferencial*, El Paseo Editorial, Sevilla, 2022.

Badenes Salazar, Patricia, *Fronteras de papel. El Mayo francés en la España del 68*, Cátedra, Madrid, 2018.

Barthes, Roland, *La cámara lúcida. Nota sobre la fotografía*, Paidós, Barcelona, 2020.

Benz, Wolfgang y Graml, Hermann, *El Siglo XX. Europa después de la Segunda Guerra Mundial 1945-1982*, tomo 2, Siglo XXI de España Editores S.A., Madrid, 1986.

Berger, John, *Modos de ver*, Gustavo Gili, Barcelona, 2000.

Carr, Raymond, *España 1808-1975*, Ariel, Barcelona, 1998.

Cuenca Toribio, José Manuel, *Andalucía. Historia de un pueblo*, Espasa Calpe, Madrid, 1982.

—, *Andalucía. Una introducción histórica*, Monte de Piedad y Caja de Ahorros de Córdoba, Córdoba, 1980.

García de Cortázar, F. y González Vesga, J.M., *Breve Historia de España*, Círculo de Lectores, Barcelona, 1995.

González Viñas, F. y Lázaro, José, *El último yeyé*, Berenice, Córdoba, 2014.

Judt, Tony, *Postguerra. Una Historia de Europa desde 1945*, Taurus, Madrid, 2010.

Lemus López, Encarnación, «Andalucía bajo el franquismo», en *Historia de Andalucía Contemporánea*, Encarnación Lemus López y Leandro Álvarez Rey (coords.), Universidad de Huelva, Huelva, 1998.

Mateos, Abdón y Soto, Álvaro, *El final del Franquismo, 1959-1975. La trasformación de la sociedad española*, Temas de Hoy, Madrid, 1997.

Matute, Fran G., *Días de viejo color. Testimonios de una Andalucía Pop (1956-1991)*, Centro de Estudios Andaluces, Sevilla, 2018.

Moradiellos, Enrique, *La España de Franco (1936-1939). Política y Sociedad*, Editorial Síntesis, Madrid, 2003.

Pinilla Oblanca, J.L y Ruiz Morales, F.C., *Memoria de la emigración. Ida y retorno de un trabajador andaluz*, Edicions Bellaterra, Barcelona, 2015.

Sontag, Susan, *Sobre la fotografía*, Debolsillo, Barcelona, 2011.

Tusell, Javier, *Carrero. La eminencia gris del régimen de Franco*, Temas de Hoy, Madrid, 1993.

—, «La guerra civil y el régimen de Franco», en AA.VV., *Historia de España* (vol. 14), Salvat, Barcelona, 1998.

Umbral, Francisco, *Del 98 a Don Juan Carlos*, Planeta, Barcelona, 1992.

Val, Luis del, *Con la maleta al hombro*, Temas de Hoy, Madrid, 2000.

Velarde Fuertes, Juan, *Cien años de economía española*, Ediciones Encuentro, Madrid, 2009.

Informes

Datos básicos de la emigración española 1975, Ministerio de Trabajo, Instituto Español de Emigración, 1976.

Atlas de la historia del territorio de Andalucía, Instituto de Estadística y Cartografía de Andalucía, 2009. Edición digital.

Babiano, José y Farré, Sebastián, «La emigración española a Europa durante los años sesenta: Francia y Suiza como países de acogida», en *Historia Social*, nº 42 (2002). Edición digital.

Consultas digitales

https://www.facebook.com/railesymaletas/

http://www.rtve.es/filmoteca/no-do/

http://www.rtve.es/alacarta/videos/el-documental/documental-tren-memoria/1797667/